汽车传感器图解大全

识别·检测·拆装·维修一册通

文恺 主编

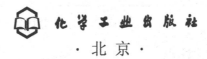

·北京·

本书以宝马汽车传感器资讯为主，辅以丰田、本田、马自达等车型的传感器应用数据而编写。各传感器的描述内容按顺序分为功能与原理、内部电路结构及连接、传感器特性线与检测标准值、传感器故障诊断案例。

本书按照传感器应用地方的不同而分为汽油发动机电控系统、柴油发动机电控系统、混合动力车型高压系统、底盘电控系统、驾驶与驻车辅助系统、车身电气控制系统、安全气囊与防盗系统、车身控制系统等章节；又按传感器识别目标的不同进行了分类快速检索，列于本书第1章1.1节，方便读者查阅。本书共涉及八大类、近百种车用传感器。

本书言简意赅，图例清晰，既有实物图示便于识别，又有内部结构图示方便了解构造原理，更搭配有传感器特性图和检测参数，方便维修诊断时参考。本书不仅可以作为汽车院校相关专业的教材，也可供广大汽车维修技术人员学习传感器的原理与检测维修技术使用。

图书在版编目（CIP）数据

汽车传感器图解大全：识别·检测·拆装·维修一册通／文恺主编．—北京：化学工业出版社，2017.9（2025.1重印）
 ISBN 978-7-122-30090-4

Ⅰ.①汽⋯ Ⅱ.①文⋯ Ⅲ.①汽车-传感器-图解 Ⅳ.①U463.6-64

中国版本图书馆CIP数据核字（2017）第158093号

责任编辑：周　红　　　　　　　　　　　　文字编辑：陈　喆
责任校对：王　静　　　　　　　　　　　　装帧设计：王晓宇

出版发行：化学工业出版社（北京市东城区青年湖南街13号　邮政编码100011）
印　　装：北京盛通数码印刷有限公司
787mm×1092mm　1/16　印张12　字数259千字　2025年1月北京第1版第7次印刷

购书咨询：010-64518888　　　　　　　　　售后服务：010-64518899
网　　址：http://www.cip.com.cn
凡购买本书，如有缺损质量问题，本社销售中心负责调换。

定　　价：49.80元　　　　　　　　　　　　　　　　　　版权所有　违者必究

前言 FOREWORD

车用传感器是汽车计算机系统的输入装置，它把汽车运行中各种工况信息如车速、各种介质的温度、发动机运转工况等，转化成电信号输给计算机，以便发动机处于最佳工作状态。汽车装用的传感器种类很多，判断传感器出现的故障时，不应只考虑传感器本身，而应考虑涉及故障的整个电路。因此，在查找故障时，除了检查传感器之外，还要检查线束、插接件以及传感器与电控单元之间的有关电路。

汽车技术发展特征之一就是越来越多的部件采用电子控制技术。根据传感器的作用，可以分为具有测量温度、压力、流量、位置、气体浓度、速度、光亮度、干湿度、距离等功能的传感器，它们各司其职，一旦某个传感器失灵，对应的装置工作就会不正常甚至不工作。因此，传感器在汽车上的作用是很重要的。

汽车传感器过去单纯用于发动机上，现在已扩展到底盘、车身电气和安全舒适系统上。这些系统采用的传感器总共有100多种。

几年来从半导体集成电路技术发展而来的微电子机械系统（MEMS）技术日渐成熟，利用这一技术可以制作各种能敏感地检测力学量、磁学量、热学量、化学量和生物量的微型传感器。这些传感器的体积和能耗小，可实现许多全新的功能，便于大批量和高精度生产，单件成本低，易构成大规模和多功能阵列，非常适合在汽车上应用。

微型传感器的大规模应用将不仅限于发动机燃烧控制和安全气囊，在未来5～7年，包括发动机运行管理、废气与空气质量控制、ABS、车辆动力的控制、自适应导航、车辆行驶安全系统在内的应用，将为MEMS技术提供广阔的市场。

MEMS传感器成本低、可靠性好、尺寸小，可以集成在新的系统中，工作时间达到几百万小时。最早的MEMS器件是绝对压力传感器（MAP）和气囊加速度传感器。正在研发和小批量生产的MEMS/MST产品有轮速旋转传感器、胎压传感器、制冷压力传感器、发动机油压传感器、刹车压力传感器和偏离速率传感器等。

随着微电子技术的发展和电子控制系统在汽车上的应用迅速增加，汽车传感器市场需求将保持高速增长，以MEMS技术为基础的微型化、多功能化、集成化和智能化的传感器将逐步取代传统的传感器，成为汽车传感器的主流。

21世纪初期，敏感元件与传感器发展的总趋势是小型化、集成化、多功能化、智能化、系统化。传感器领域的主要技术将在现有基础上予以延伸和提高，并加速新一代传感器的开发和产业化。

随着新型敏感材料的加速开发以及微电子、光电子、生物化学、信息处理等各学科、各种新技术的互相渗透和综合利用，可望研制出一批新颖、先进的传感器，如新一代光纤传感器、超导传感器、红外焦平面阵列探测器、生物传感器、诊断传感器、智能传感器、基因传感器以及模糊传感器等。

硅传感器的研究、生产和应用将成为主流，半导体工业将更加有力地带动传感器的设计及工艺制造技术；而微处理器和计算机将进一步带动新一代智能传感器和网络传感器的数据管理和采集。

多功能化是指一个传感器能检测两个或者两个以上的特性参数或者化学参数，从而减少汽车传感器数量、提高系统可靠性。

集成化是指利用IC制造技术和精细加工技术制作IC式传感器。

智能化是指传感器与大规模集成电路相结合，带有CPU，具有智能作用，以减少ECU的复杂程度，减小其体积，并降低成本。

综上所述，汽车传感器在汽车电控系统中的地位已经不言而喻。那么，学习和掌握各种传感器的结构、功能及运行原理，了解其特性与规格，熟悉正确拆装、检测与故障诊断方法也是汽车维修中所必备的技能要求。为了满足这种学习上的需求，我们特地搜集整理相关材料，编写了本书。

本书以宝马汽车传感器资讯为主，辅以丰田、本田、马自达等车型的传感器应用数据编写而成。各传感器的描述内容按顺序分为功能与原理、内部电路结构及连接、传感器特性线与检测标准值、传感器故障诊断案例。

本书按照传感器应用地方的不同而分为汽油发动机电控系统、柴油发动机电控系统、混合动力车型高压系统、底盘电控系统、驾驶与驻车辅助系统、车身电气控制系统、安全气囊与防盗系统、车身控制系统等章节。又按传感器识别目标的不同进行了分类快速检索，列于本书第1章1.1节，方便读者查阅。本书共涉及八大类、近百种车用传感器。

本书由文恺主编，此外参加编写的人员还有朱其谦、杨刚伟、吴龙、张祖良、汤耀宗、赵炎、陈金国、刘艳春、徐红玮、张志华、冯宇、赵太贵、宋兆杰、陈学清、邱晓龙、朱如盛、周金洪、刘滨、陈棋、孙丽佳、周方、彭斌、王坤、章军旗、满亚林、彭启凤、李丽娟、徐银泉。在编写过程中，参考了国内外相关文献和网络信息资料，在此，谨向这些资料信息的原创者们表示由衷的感谢！

编者

目录 CONTENTS

第1章 汽车传感器概述 /001

1.1 传感器分类与作用 /002
1.2 传感器特性与原理 /004
1.3 传感器位置与识别 /007
 1.3.1 发动机电控系统常用传感器 /007
 1.3.2 底盘电控系统常用传感器 /008
 1.3.3 车身电气控制系统常用传感器 /008
1.4 传感器维修与诊断 /009

第2章 汽油发动机电控系统传感器 /012

2.1 空气流量计 /013
 2.1.1 空气流量计的分类与特点 /013
 2.1.2 热膜式空气质量测量仪 /014
 2.1.3 空气流量计故障检修 /016
 2.1.4 传感器故障案例 /017
2.2 进气压力-温度传感器 /018
 2.2.1 传感器功能与原理 /018
 2.2.2 传感器电路连接 /019
 2.2.3 传感器特性线及标准值 /019
2.3 进气凸轮轴传感器 /020
 2.3.1 传感器功能与原理 /020
 2.3.2 传感器电路连接 /020
 2.3.3 传感器信号曲线及标准值 /020
2.4 曲轴和凸轮轴位置传感器 /022

2.4.1 传感器功能与原理 / 022
2.4.2 MRE型凸轮轴位置传感器 / 023
2.4.3 传感器故障案例 / 023

2.5 节气门位置传感器 / 024
2.5.1 传感器原理 / 024
2.5.2 传感器电路连接 / 025
2.5.3 传感器标准数据 / 025
2.5.4 传感器维修 / 025

2.6 加速踏板位置传感器 / 026
2.6.1 传感器功能与原理 / 026
2.6.2 传感器电路结构 / 027
2.6.3 传感器特性线及标准值 / 027

2.7 冷却液温度传感器 / 028
2.7.1 传感器功能与原理 / 028
2.7.2 传感器电路连接 / 028
2.7.3 传感器特性线及标准值 / 029
2.7.4 传感器故障案例 / 029

2.8 气缸盖温度传感器 / 031
2.8.1 传感器功能与原理 / 031
2.8.2 传感器电路连接 / 031
2.8.3 传感器特性线及标准值 / 032

2.9 爆震传感器 / 032
2.9.1 传感器功能与原理 / 032
2.9.2 传感器电路连接 / 034
2.9.3 传感器特性 / 034
2.9.4 传感器的正确安装 / 035
2.9.5 传感器故障案例 / 035

2.10 离子传感器 / 036
2.10.1 传感器功能与原理 / 036
2.10.2 离子传感器的拆卸 / 037
2.10.3 离子传感器的检查 / 038

2.11 燃油油位传感器 / 038
2.11.1 传感器功能与原理 / 038
2.11.2 传感器电路连接 / 039

2.11.3 传感器特性曲线及标准值 / 040
2.11.4 传感器故障案例 / 040

2.12 燃油箱压力传感器 / 041
2.12.1 传感器功能与原理 / 041
2.12.2 传感器电路连接 / 042
2.12.3 传感器标准值与诊断 / 042

2.13 真空自然泄漏检测（NVLD）温度传感器和压力开关 / 043
2.13.1 传感器功能与原理 / 043
2.13.2 传感器电路连接 / 043
2.13.3 传感器标准值与诊断 / 043

2.14 乙醇传感器 / 044
2.14.1 传感器功能与原理 / 044
2.14.2 传感器电路连接 / 044
2.14.3 传感器特性线及标准值 / 045

2.15 机油油位传感器 / 045
2.15.1 传感器功能与原理 / 045
2.15.2 传感器电路连接 / 046
2.15.3 传感器故障案例 / 046

2.16 机油状态传感器 / 047
2.16.1 传感器功能与原理 / 047
2.16.2 传感器电路连接 / 048
2.16.3 传感器测量方法及标准值 / 048
2.16.4 传感器故障诊断 / 048

2.17 水箱检测传感器 / 049
2.17.1 传感器功能原理 / 049
2.17.2 传感器电路连接 / 049
2.17.3 传感器检测标准值 / 050

2.18 水箱出口温度传感器 / 050
2.18.1 传感器功能与原理 / 050
2.18.2 传感器电路连接 / 050
2.18.3 传感器特性线及标准值 / 051

2.19 高压泵位置传感器 / 051
2.19.1 传感器功能与原理 / 051

2.19.2 传感器电路连接 / 052
2.19.3 传感器特性线及标准值 / 052
2.20 文丘里喷嘴压力传感器 / 052
2.20.1 传感器功能与原理 / 052
2.20.2 传感器电路连接 / 053
2.20.3 传感器特性线及标准值 / 053
2.21 油轨压力传感器 / 054
2.21.1 传感器功能与原理 / 054
2.21.2 传感器电路连接 / 054
2.21.3 传感器特性线及标准值 / 054
2.21.4 传感器故障案例 / 055
2.22 二次空气系统压力传感器 / 055
2.22.1 传感器功能与原理 / 055
2.22.2 传感器电路连接 / 055
2.22.3 特性曲线与标准值 / 056
2.23 增压空气温度传感器 / 056
2.23.1 传感器功能与原理 / 056
2.23.2 传感器电路连接 / 057
2.23.3 传感器特性线及标准值 / 057
2.24 增压压力传感器 / 058
2.24.1 传感器功能与原理 / 058
2.24.2 传感器电路连接 / 058
2.24.3 传感器特性线及标准值 / 058
2.24.4 传感器故障案例 / 059
2.25 进气温度/增压压力传感器 / 059
2.25.1 传感器功能原理 / 059
2.25.2 传感器电路连接 / 060
2.25.3 传感器特性线及标准值 / 060
2.26 空燃比传感器和加热型氧传感器 / 061
2.26.1 传感器结构 / 061
2.26.2 传感器特性 / 061
2.26.3 废气催化转换器前、后氧传感器 / 062
2.26.4 传感器故障案例 / 065

第 3 章　柴油发动机电控系统传感器

3.1　燃油压力/温度传感器　/068

　　3.1.1　传感器功能与原理　/068

　　3.1.2　传感器电路连接　/068

　　3.1.3　传感器特性线及标准值　/068

3.2　燃油低压传感器　/069

　　3.2.1　传感器功能与原理　/069

　　3.2.2　传感器电路连接　/070

　　3.2.3　传感器特性线及标准值　/070

3.3　炭黑微粒传感器　/070

　　3.3.1　传感器功能与原理　/070

　　3.3.2　传感器电路连接　/071

3.4　油轨压力传感器　/071

　　3.4.1　传感器功能与原理　/071

　　3.4.2　传感器电路连接　/072

　　3.4.3　传感器特性线及标准值　/072

3.5　氮氧化物传感器（NO_x 传感器）　/072

　　3.5.1　传感器功能与原理　/072

　　3.5.2　传感器电路连接　/073

3.6　废气压力传感器　/074

　　3.6.1　传感器功能与原理　/074

　　3.6.2　传感器电路连接　/074

　　3.6.3　传感器特性线及标准值　/074

3.7　柴油微粒过滤器压差传感器　/075

　　3.7.1　传感器功能原理　/075

　　3.7.2　传感器电路连接　/075

　　3.7.3　传感器特性线及标准值　/076

3.8　废气温度传感器　/076

　　3.8.1　传感器功能与原理　/076

　　3.8.2　传感器电路连接　/077

　　3.8.3　传感器特性线及标准值　/077

3.9　主动油箱油位传感器　/078

3.9.1　传感器功能与原理　/078
　　　3.9.2　传感器电路连接　/078
　3.10　被动油箱油位传感器　/079
　　　3.10.1　传感器功能与原理　/079
　　　3.10.2　传感器电路连接　/080
　　　3.10.3　传感器标准值　/080

第4章　混合动力车型高压系统传感器　/081

　4.1　转子位置传感器　/082
　　　4.1.1　传感器功能与原理　/082
　　　4.1.2　传感器电路连接　/082
　　　4.1.3　传感器标准值　/082
　4.2　电机位置传感器　/083
　　　4.2.1　传感器功能与原理　/083
　　　4.2.2　传感器电路连接　/083
　4.3　电机温度传感器　/084
　　　4.3.1　传感器功能与原理　/084
　　　4.3.2　传感器电路连接　/084
　4.4　智能型蓄电池传感器　/084
　　　4.4.1　传感器功能与原理　/084
　　　4.4.2　传感器电路连接　/085
　　　4.4.3　传感器测量方法及额定值　/086
　　　4.4.4　传感器维修　/087
　4.5　电控辅助加热器温度传感器　/087
　　　4.5.1　传感器结构与原理　/087
　　　4.5.2　传感器电路　/088
　4.6　冷却液压力温度传感器　/089
　　　4.6.1　传感器功能与原理　/089
　　　4.6.2　传感器电路连接　/090
　4.7　热泵回路温度传感器　/090
　　　4.7.1　传感器功能与原理　/090

4.7.2　传感器电路连接　/091

4.7.3　传感器特性线及标准值　/091

第 5 章　底盘电控系统传感器　/093

5.1　零挡传感器　/094

5.1.1　传感器功能与原理　/094

5.1.2　传感器电路连接　/094

5.1.3　传感器组成及标准值　/095

5.2　变速箱油温传感器　/096

5.2.1　传感器功能与原理　/096

5.2.2　传感器电路连接　/096

5.2.3　特性线及标准值　/096

5.2.4　传感器故障案例　/097

5.3　差速器油温传感器　/098

5.3.1　传感器安装位置　/098

5.3.2　传感器检测　/098

5.3.3　传感器拆装　/099

5.4　轮胎压力传感器　/099

5.4.1　传感器功能与原理　/099

5.4.2　传感器电路连接　/100

5.5　车身水平传感器　/101

5.5.1　传感器功能与原理　/101

5.5.2　传感器构造　/102

5.6　车身加速度传感器　/103

5.6.1　传感器功能与安装位置　/103

5.6.2　传感器工作原理　/103

5.7　高度传感器　/103

5.7.1　传感器功能与原理　/103

5.7.2　传感器电路连接　/104

5.7.3　传感器特性线及标准值　/105

5.7.4　传感器故障案例　/106

5.8　转速传感器　/107

5.8.1　传感器组成　/ 107
　　　5.8.2　传感器输出信号　/ 108
　　　5.8.3　车轮转速传感器　/ 109
5.9　制动摩擦片磨损传感器　/ 110
　　　5.9.1　传感器功能与原理　/ 110
　　　5.9.2　传感器电路连接　/ 111
　　　5.9.3　传感器测量方法及标准值　/ 111
5.10　制动真空传感器　/ 112
　　　5.10.1　传感器功能与原理　/ 112
　　　5.10.2　传感器电路连接　/ 113
　　　5.10.3　传感器特性线及标准值　/ 113
5.11　制动踏板行程传感器或制动踏板角度传感器　/ 114
　　　5.11.1　传感器功能与原理　/ 114
　　　5.11.2　传感器电路连接　/ 114
　　　5.11.3　传感器信号及标准值　/ 115
　　　5.11.4　传感器维修　/ 116
5.12　制动压力传感器　/ 116
　　　5.12.1　传感器结构与原理　/ 116
　　　5.12.2　传感器电路连接　/ 117
5.13　转向阻力矩传感器　/ 117
　　　5.13.1　传感器功能原理　/ 117
　　　5.13.2　传感器电路连接　/ 118
5.14　转向角度传感器　/ 118
　　　5.14.1　传感器功能与原理　/ 118
　　　5.14.2　传感器电路　/ 119
　　　5.14.3　传感器校准和初始化　/ 120
　　　5.14.4　传感器故障案例　/ 121
5.15　横向加速度传感器　/ 123
　　　5.15.1　传感器功能与原理　/ 123
　　　5.15.2　传感器电路连接　/ 124
5.16　横向加速度与偏转率传感器　/ 124
　　　5.16.1　组合式传感器介绍　/ 124
　　　5.16.2　横向加速度传感器结构与原理　/ 125
　　　5.16.3　偏转率传感器构造与原理　/ 126

第 6 章　驾驶与驻车辅助系统传感器　/127

6.1　磁场传感器　/128
  6.1.1　传感器安装位置　/128
  6.1.2　传感器组成部件　/128
  6.1.3　传感器工作原理　/128

6.2　接触识别传感器　/129
  6.2.1　传感器功能与原理　/129
  6.2.2　传感器电路连接　/129
  6.2.3　传感器标准值与功能检查　/129

6.3　超声波传感器　/130
  6.3.1　传感器功能与原理　/130
  6.3.2　传感器电路连接　/131
  6.3.3　传感器测量方法及标准值　/131
  6.3.4　传感器维修　/131

6.4　车距调节传感器　/132
  6.4.1　传感器结构和安装位置　/132
  6.4.2　传感器工作原理　/132

6.5　远距离传感器　/132
  6.5.1　传感器功能与原理　/132
  6.5.2　传感器电路连接　/133
  6.5.3　传感器标准值与诊断　/133

6.6　近距离传感器　/134
  6.6.1　传感器功能与原理　/134
  6.6.2　传感器电路连接　/134
  6.6.3　传感器特性曲线和标准值　/135

第 7 章　车身电气控制系统传感器　/136

7.1　雨天/行车灯/雾气/光照传感器　/137
  7.1.1　传感器应用组合与安装位置　/137
  7.1.2　雨水传感器组成与原理　/137
  7.1.3　光线传感器组成与原理　/138

7.1.4 光照传感器组成与原理 / 138
7.1.5 雾气传感器工作原理 / 138
7.1.6 传感器应用网络 / 138
7.1.7 组合式传感器应用功能 / 140
7.1.8 传感器保养与诊断 / 141

7.2 清洗液液位传感器 / 142
7.2.1 传感器功能与原理 / 142
7.2.2 传感器电路连接 / 143
7.2.3 传感器检测标准值 / 143

7.3 车内温度传感器 / 143
7.3.1 传感器功能与原理 / 143
7.3.2 传感器电路连接 / 144
7.3.3 传感器特性线及标准值 / 144

7.4 通风温度传感器 / 145
7.4.1 传感器功能与原理 / 145
7.4.2 传感器电路连接 / 145
7.4.3 传感器故障案例 / 145

7.5 蒸发器温度传感器 / 146
7.5.1 传感器功能与原理 / 146
7.5.2 传感器电路连接 / 146
7.5.3 传感器特性线及标准值 / 147
7.5.4 传感器维修 / 147

7.6 车外温度传感器 / 147
7.6.1 传感器功能与原理 / 147
7.6.2 传感器电路连接 / 148
7.6.3 传感器特性线及标准值 / 149
7.6.4 传感器故障案例 / 150

7.7 车内空气循环控制系统自动传感器 / 150
7.7.1 传感器功能与原理 / 150
7.7.2 传感器电路连接 / 151
7.7.3 传感器检测标准值 / 151

7.8 制冷剂压力传感器 / 152

7.8.1 传感器功能与原理 /152
7.8.2 传感器电路连接 /153
7.8.3 传感器特性线及标准值 /153

第 8 章 安全气囊与防盗系统传感器 /154

8.1 中央传感器 /155
    8.1.1 传感器功能与原理 /155
    8.1.2 传感器电路连接 /156
    8.1.3 传感器检测标准值 /156

8.2 座椅位置传感器 /157
    8.2.1 传感器功能与原理 /157
    8.2.2 传感器电路连接 /157
    8.2.3 传感器检测标准值 /157
    8.2.4 传感器故障案例 /158

8.3 安全气囊传感器 /158
    8.3.1 传感器功能与原理 /158
    8.3.2 传感器电路连接 /159
    8.3.3 传感器检测标准值 /159
    8.3.4 传感器故障案例 /159

8.4 行人保护传感器 /160
    8.4.1 传感器功能与原理 /160
    8.4.2 传感器电路连接 /160
    8.4.3 传感器检测标准值 /160

8.5 微波传感器 /161
    8.5.1 传感器功能与原理 /161
    8.5.2 传感器电路连接 /162
    8.5.3 传感器检测标准值 /162

8.6 倾斜报警传感器 /162
    8.6.1 传感器功能与原理 /162
    8.6.2 传感器电路连接 /164
    8.6.3 传感器检测标准值 /164

第9章 车身控制系统传感器

9.1 后备厢盖打开踢脚感应传感器 / 166
    9.1.1 传感器功能与原理 / 166
    9.1.2 传感器电路连接 / 167
    9.1.3 传感器故障案例 / 167

9.2 折叠式软顶边缘左侧已竖起传感器和折叠式软顶边缘右侧已竖起传感器 / 168
    9.2.1 传感器功能与原理 / 168
    9.2.2 传感器电路连接 / 169
    9.2.3 传感器检测标准值 / 169

9.3 折叠式软顶盖罩右侧联锁传感器和折叠式软顶盖罩左侧联锁传感器 / 169
    9.3.1 传感器功能与原理 / 169
    9.3.2 传感器电路连接 / 170
    9.3.3 传感器检测标准值 / 170

9.4 折叠式软顶盖罩开启传感器 / 170
    9.4.1 传感器功能与原理 / 170
    9.4.2 传感器电路连接 / 171
    9.4.3 传感器检测标准值 / 171

9.5 折叠式软顶边缘转角传感器 / 171
    9.5.1 传感器功能与原理 / 171
    9.5.2 传感器电路连接 / 172
    9.5.3 传感器检测标准值 / 172

9.6 主车顶柱转角传感器 / 172
    9.6.1 传感器功能与原理 / 172
    9.6.2 传感器电路连接 / 173
    9.6.3 传感器检测标准值 / 173

9.7 燃油箱盖传感器 / 173
    9.7.1 传感器功能与原理 / 173
    9.7.2 传感器电路连接 / 174
    9.7.3 传感器检测标准值 / 175

第 1 章
汽车传感器概述

1.1 传感器分类与作用

车用传感器是汽车计算机系统的输入装置,它把汽车运行中的各种工况信息如车速、各种介质的温度、发动机运转工况等,转化成电信号输给计算机,以便发动机处于最佳工作状态。车用传感器很多,判断传感器出现的故障时,不应只考虑传感器本身,而应考虑出现故障的整个电路。因此,在查找故障时,除了检查传感器之外,还要检查线束、插接件以及传感器与电控单元之间的有关电路。

现代汽车技术发展特征之一就是越来越多的部件采用电子控制。根据传感器的作用,可以分为测量温度、压力、流量、位置、气体浓度、速度、光亮度、干湿度、距离等参数的传感器,它们各司其职,一旦某个传感器失灵,对应的装置工作就会不正常甚至不工作。因此,传感器在汽车上的作用是很重要的。

汽车传感器过去单纯用于发动机上,现在已扩展到底盘、车身和整车电气系统上了。这些系统采用的传感器有100多种。在种类繁多的传感器中,常见的如下。

进气压力传感器:反映进气歧管内绝对压力大小的变化,向ECU(发动机电控单元)提供计算喷油持续时间的基准信号。

空气流量计:测量发动机吸入的空气量,提供给ECU作为喷油时间的基准信号。

节气门位置传感器:测量节气门打开的角度,提供给ECU作为断油、控制燃油/空气比、点火提前角修正的基准信号。

曲轴位置传感器:检测曲轴及发动机转速,提供给ECU作为确定点火正时及工作顺序的基准信号。

氧传感器:检测排气中的氧浓度,提供给ECU作为控制燃油/空气比在最佳值(理论值)附近的基准信号。

进气温度传感器:检测进气温度,提供给ECU作为计算空气密度的汽车传感器依据。

冷却液温度传感器:检测冷却液的温度,向ECU提供发动机温度信息。

爆震传感器:安装在缸体上专门检测发动机的爆燃状况,提供给ECU调整点火提前角的基准信号。

以下这些传感器主要应用在变速器、方向器、悬架和ABS上。

应用于变速器的有车速传感器、温度传感器、轴转速传感器、压力传感器等。

应用于转向器的有转角传感器、转矩传感器、液压传感器。

应用于悬架系统的有车速传感器、加速度传感器、车身高度传感器、侧倾角传感器、转角传感器等。

根据传感器检测信号的类别进行分类,常见的传感器如表1-1所示。

表1-1 传感器分类检索表

序号	传感器名称	页码	序号	传感器名称	页码
一、位置传感器					
1	曲轴位置传感器	022	3	节气门位置传感器	024
2	凸轮轴位置传感器	020	4	油门踏板位置传感器	026

续表

序号	传感器名称	页码	序号	传感器名称	页码
一、位置传感器					
5	清洗液液位传感器	142	19	超声波传感器	130
6	燃油油位传感器	038	20	车距调节传感器	132
7	机油油位传感器	045	21	远距离传感器	132
8	高压泵位置传感器	051	22	近距离传感器	134
9	主动油箱油位传感器	078	23	座椅位置传感器	157
10	被动油箱油位传感器	079	24	转向角度传感器	118
11	转子位置传感器	082	25	偏转率传感器	124
12	电机位置传感器	083	26	倾斜报警传感器	162
13	零挡传感器	094	27	软顶边缘已竖起传感器	168
14	车身水平传感器	101	28	软顶盖罩联锁传感器	169
15	高度传感器	103	29	软顶盖罩开启传感器	170
16	制动磨擦片磨损传感器	110	30	软顶边缘转角传感器	171
17	制动踏板行程传感器	114	31	主车顶柱转角传感器	172
18	制动踏板角度传感器	114	32	燃油箱盖传感器	173
二、压力传感器					
1	进气歧管压力传感器	018	9	油轨压力传感器	054
2	共轨燃油压力传感器	071	10	废气压力传感器	074
3	燃油低压传感器	069	11	柴油微粒过滤器压差传感器	075
4	燃油箱压力传感器	041	12	轮胎压力传感器	099
5	文丘里喷嘴压力传感器	052	13	制动真空传感器	112
6	二次空气系统压力传感器	055	14	制动压力传感器	116
7	增压压力传感器	058	15	制冷剂压力传感器	152
8	进气温度/增压压力传感器	059	16	安全气囊传感器	158
三、温度传感器					
1	进气温度传感器	018	7	废气温度传感器	076
2	冷却液温度传感器	028	8	电控辅助加热器温度传感器	087
3	气缸盖温度传感器	031	9	冷却液压力温度传感器	089
4	燃油温度传感器	068	10	电机温度传感器	084
5	水箱出口温度传感器	050	11	热泵回路温度传感器	090
6	增压空气温度传感器	056	12	差速器油温传感器	098

续表

序号	传感器名称	页码	序号	传感器名称	页码
三、温度传感器					
13	变速箱油温传感器	096	16	车外温度传感器	147
14	蒸发器温度传感器	146	17	通风温度传感器	145
15	车内温度传感器	143	18	NVLD温度传感器	043
四、速度传感器					
1	行人保护传感器	160	4	车身加速度传感器	103
2	中央传感器	155	5	横向加速度传感器	123
3	车轮速度传感器	107			
五、气体流量、质量、浓度、烟度传感器					
1	空气流量计	013	4	空气品质传感器	150
2	空燃比传感器与氧传感器	061	5	烟雾浓度传感器	137
3	NO_x（氮氧化物）传感器	072	6	炭黑微粒传感器	070
六、振动传感器					
1	爆燃/爆震传感器	032	2	微波传感器	161
七、环境检测传感器					
1	光照传感器	137	3	晴雨传感器	137
2	雾气传感器	137			
八、力学与电学传感器					
1	转矩传感器	117	3	智能蓄电池传感器	084
2	离子传感器	036			
九、其他传感器					
1	乙醇传感器	044	4	磁场传感器	128
2	机油状态传感器	047	5	接触识别传感器	129
3	水箱检测传感器	049	6	后备厢盖打开感应开关	166

1.2 传感器特性与原理

（1）传感器特性

传感器是指能感受规定的物理量，并按一定规律转换成可用输入信号的器件或装置。简单地说，传感器是把非电量转换成电量的装置。

传感器通常由敏感元件、转换元件和测量电路三部分组成。

① 敏感元件是指能直接感受（或响应）被测量的部分，即将被测量通过传感器的敏感元件转换成与被测量有确定关系的非电量或其他量。

② 转换元件的作用是将上述非电量转换成电参量。

③ 测量电路的作用是将转换元件输入的电参量经过处理转换成电压、电流或频率等可测电量，以便进行显示、记录、控制和处理。

（2）常见车用传感器工作原理

① 磁电式传感器　根据法拉第电磁感应定律，N 匝线圈在磁场中运动，切割磁力线（或线圈所在磁场的磁通变化）时，线圈中所产生的感应电动势的大小取决于穿过线圈的磁通的变化率。

a.直线移动式磁电传感器。直线移动式磁电传感器由永久磁铁、线圈和传感器壳体等组成。

当壳体随被测振动体一起振动且在振动频率远大于传感器的固有频率时，由于弹簧较软，运动件质量相对较大，运动件来不及随振动体一起振动（静止不动）。此时，磁铁与线圈之间的相对运动速度接近振动体的振动速度。

b.转动式磁电传感器。软铁、线圈和永久磁铁固定不动。由导磁材料制成的测量齿轮安装在被测旋转体上，每转过一个齿，测量齿轮与软铁之间构成的磁路磁阻变化一次，磁通也变化一次。线圈中感应电动势的变化频率（脉冲数）等于测量齿轮上的齿数和转速的乘积。

② 霍尔式传感器

a.霍尔效应。半导体或金属薄片置于磁场中，当有电流（与磁场垂直的薄片平面方向）流过时，在垂直于磁场和电流的方向上产生电动势，这种现象称为霍尔效应。

b.霍尔元件。目前常用的霍尔元件材料有锗（Ge）、硅（Si）、锑化铟（InSb）、砷化铟（InAs）等。N型锗容易加工制造，霍尔系数、温度性能、线性度较好；P型硅的线性度最好，霍尔系数、温度性能同N型锗，但电子迁移率较低，带负载能力较差，通常不作为单个霍尔元件使用。

③ 压电式传感器

a.压电效应。对某些电介质沿着一定方向加力而使其变形时，在一定表面上会产生电荷，当外力撤除后，又恢复到不带电状态，这种现象称为正压电效应。在电介质的极化方向施加电场，电介质会在一定方向上产生机械变形或机械压力，当外电场去除后，变形或应力随之消失，此现象称为逆压电效应。

b.压电元件。压电式传感器是物性型的发电式传感器。常用的压电材料有石英晶体（SiO_2）和人工合成的压电陶瓷。压电陶瓷的压电常数是石英晶体的几倍，灵敏度较高。

④ 光电式传感器

a.光电效应。当光线照射物体时，可看作一串具有能量 E 的光子轰击物体，如果光子的能量足够大，则物体内部电子吸收光子能量后，会摆脱内部力的约束而发生相应电效应的物理现象，称为光电效应。

- 在光线作用下，电子逸出物体表面的现象，称为外光电效应。利用该现象工作的元件有如光电管、光电倍增管等。

- 在光线作用下，物体的电阻率改变的现象，称为内光电效应。利用该现象工作的元件有光敏电阻、光敏二极管、光敏三极管、光敏晶闸管等。
- 在光线作用下，物体产生一定方向电动势的现象，称为光生伏特现象。利用该现象工作的元件有光电池（属于对感光面入射光点位置敏感的器件）等。

b.光敏电阻。光敏电阻受到光线照射时，电子迁移，产生电子-空穴对，使电阻率变小。光照越强，阻值越低。入射光线消失，电子-空穴对恢复，电阻值逐渐恢复原值。

c.光敏管。光敏管（光敏二极管、光敏三极管、光敏晶闸管等）属于半导体器件。

d.电致发光。固体发光材料在电场激发下产生的发光现象称为电致发光。电致发光是将电能直接转换成光能的过程。发光二极管（LED）是以特殊材料掺杂制成的半导体电致发光器件。当其PN结正向偏置时，由于电子-空穴复合时产生过剩能量，该能量以光子形式放出而发光。

⑤ 热电式传感器

a.热电效应。将两种不同性质的金属导体A、B接成一个闭合回路，如果两接合点温度不相等（$T_0 \neq T$），则在两导体间产生电动势，并且回路中有一定大小的电流存在，此现象称为热电效应。

b.热电阻传感器。热电阻材料通常为纯金属，广泛使用的是铂、铜、镍、铁等。

c.热敏电阻传感器。热敏电阻用半导体制成，与金属热电阻相比有以下特点。
- 电阻温度系数大，灵敏度高。
- 结构简单，体积小，易于点测量。
- 电阻率高，且适合动态测量。
- 阻值与温度变化的关系是非线性的。
- 稳定性较差。

（3）传感器的静态特性参数指标

① 灵敏度　灵敏度是指稳态时传感器输出量y和输入量x之比，或输出量y的增量和输入量x的增量之比，用k表示为$k=dy/dx$。

② 分辨力　传感器在规定的测量范围内能够检测出的被测量的最小变化量称为分辨力。

③ 测量范围和量程　在允许误差范围内，被测量值的下限到上限之间的范围称为测量范围。

④ 线性度（非线性误差）　在规定条件下，传感器校准曲线与拟合直线间的最大偏差与满量程输出值的百分比称为线性度或非线性误差。

⑤ 迟滞　迟滞是指在相同的工作条件下，传感器的正行程特性与反行程特性的不一致程度。

⑥ 重复性　重复性是指在同一工作条件下，输入量按同一方向在全测量范围内连续变化多次所得特性曲线的不一致性。

⑦ 零漂和温漂　传感器在无输入或输入为另一值时，每隔一定时间，其输入值偏离原示值的最大偏差与满量程的百分比为零漂。而温度每升高1℃，传感器输出值的最大偏差与满量程的百分比，称为温漂。

1.3 传感器位置与识别

1.3.1 发动机电控系统常用传感器

名称	空气流量计（热膜式）	空气流量计（热线式）	进气歧管压力传感器
位置	一般安装在空气滤清器与节气门体之间，也可以安装在空气滤清器上，亦可将空气流量计与节气门体一体化安装在发动机上		安装在进气歧管上
识别			
名称	进气温度传感器	冷却液温度传感器	节气门位置传感器
位置	安装在空气滤清器或之后的进气管道上	安装在发动机缸体水套或冷却液管路中	安装在节气门体上
识别			
名称	曲轴位置传感器	凸轮轴位置传感器	燃油油位传感器
位置	安装在曲轴前端，接近发动机飞轮的地方	安装在凸轮轴前端	安装在燃油箱中
识别			
名称	油门踏板位置传感器	爆震/爆燃传感器	机油压力传感器
位置	安装在制动踏板上	缸体中间接近气缸套的地方	安装在气缸缸体机油油道上
识别			
名称	氧传感器	柴油氮氧化物传感器	油轨压力传感器
位置	安装在排气管三元催化器前后	安装在排气系统中	安装在油轨上
识别			

1.3.2 底盘电控系统常用传感器

名称	ABS转速传感器	方向盘转角传感器	横摆角速度和侧向加速度传感器
位置	安装在车轮制动盘附近	安装在转向柱上	安装在驾驶员座椅下方
识别			
名称	高度传感器	制动片磨损传感器	制动踏板位置传感器
位置	安装在底盘高度可控悬架系统上	安装在盘式制动片上	安装在制动控制装置上
识别			控制器、制动主缸、推杆(与制动踏板相连)、踏板位置传感器

1.3.3 车身电气控制系统常用传感器

名称	晴雨传感器	蒸发器温度传感器	空调压力传感器
位置	安装在前挡风玻璃上车内后视镜前方	安装在蒸发器上	安装在发动机舱空调高压管路上
识别			
名称	车外温度传感器	安全气囊碰撞传感器	车距传感器
位置	安装在前部车身上	安装在前部车身或侧面车门内	安装在前保险杠内，车头中网下方
识别			
名称	超声波传感器	座椅占用/识别传感器	轮胎传感器
位置	安装在前后保险杠上	安装在驾驶员与前乘客座椅内	安装在车轮内
识别			

1.4 传感器维修与诊断

汽车电控系统的自诊断装置只是用于存储和显示故障代码，要开展维修工作还必须凭借该车型的相关资料去进行"解码"——明确故障内容和部位等。

当车辆出现问题后，对一般的故障可用传统的经验方法对其进行检验与排除，如与电子控制系统无关的机械性故障等。

在读取电控系统的故障代码之前，有必要对发动机进行基本检查，如对发动机基本怠速和基本点火正时进行检测与调整，使发动机处于所要求的运行状态。不同车型的基本检查步骤、条件和方法也不尽相同。譬如在检查进程中，对冷却液的温度、附加电气设备的启闭状态、水箱冷却风扇是否运转等都有特定的要求。具体操作时应严格遵循相应的维修规范。

在利用自诊断系统检查故障时，必须有本车型的相关资料做指导。譬如对故障代码的读取方式、故障代码的含义以及各电控元件的基本结构参数和工作性能参数等，都应该有一个较详细的参考源和了解。这是维修好车辆的基本条件。

在对电控汽车进行维修时，要时刻谨记电子和微电子器件的特性及禁忌，不可违章操作。例如，由于电控系统对工作（或检测）电压非常敏感，在对其电路进行检测时，稍不注意就可能损坏电子元件或传感器；又如，某些电喷发动机上装备的可编程只读存储器（PROM），在其拆装过程中要求维修人员必须自身接地（即接通大地，消除静电），否则，维修人员身体上的静电就会影响操作微机电路等。

电控汽车的电控单元（ECU）都具有记忆功能。当电控系统出现故障时，ECU会存储其对应的故障代码。维修人员便可从故障自诊断系统中读取故障代码，进而查找故障原因和故障部位。若在读取故障代码之前贸然拆下蓄电池连接线（或拔掉电源熔丝），则由于中断了ECU的电源，存储其内的故障代码便会自动消除，再想获得故障信息（故障代码），就必须重复（再现）故障发生时的工作状况和环境条件（如特定范围的发动机转速及负荷、发动机的某种水温、某种进气温度以及有关传感器的某种工况等），显然，这是非常麻烦和费时的。因此，在维修电控汽车之前应按要求先读取并记录故障代码，然后才能进行其他的维修作业，以免不慎丢失故障代码。

当点火开关处于接通（ON）位置时，无论发动机是否正在运转，此时都不可拆下蓄电池连接线或熔丝。因为突然断电将会使电路中的线圈产生自感电动势而出现很高的瞬时电压，从而使ECU及相关传感器等微电子器件严重受损。

必须引起注意的是，除蓄电池连接线外，其他凡是与蓄电池电压相同的电气装置的导线，即使当点火开关处于接通（ON）位置时，也都不能拆除，否则也同样会使相关的线圈产生自感而烧坏ECU或传感器。这些电气装置包括点火系统、怠速控制步进电机、ECU的可编程只读存储器（PROM）、喷油器、空调及其他电磁离合器，还有ECU某些连接线等。

在对电控发动机燃料系统进行检查作业之前，应拆下蓄电池的连接线（或熔丝），以免发生火灾。即在拆卸油路之前应先关闭点火开关（置于"OFF"处），再拆下蓄电池连接线或熔丝。由于供油系统中残存一定的压力，故还得对燃油系统"卸压"。较简单的方法是在拆卸油路的接头处裹上布条或棉纱，并在其下面放一油盆，然后慢慢松动接头将燃油导入盆内，以防飞溅。当燃油检测装置（如油压表）接入管路后，若需用蓄电池电源对其测试，也必须先关闭点火开关，再接蓄电池连接线，然后打开点火开关，否则将可能产生电火花而引起火灾。特别要指出的是，当燃油系统检查完毕后，在拆卸检测装置之前，同样必须先关闭点火开关，然后拆下蓄电池连接线，方可执行燃料系统的检修作业。

发动机维修好后，需清除掉ECU中的原故障代码。对大多数电喷发动机而言，拆下蓄电池连接线或拆下通往ECU的熔丝，保持断电30s即可清除掉ECU中的故障代码。但是，个别发动机则不适用这种拆卸电源的办法，否则将会使其石英钟和音响等附属设备的内存（包括防盗码）一起被消除掉。因此，应按该车的维修手册所指示的方法去消除故障代码，切不可随意拆除电源线。

通过解读故障代码，大多能正确判断故障可能发生的原因和部位。有时也会出现判断失误，造成误导。实际上，故障代码仅是一个是或否的界定结论，不可能指出故障的具体原因；若欲判定故障部位，还需根据发动机的故障征候，进一步分析和检查。

自诊断系统也有显示不出来的传感器故障。ECU在对传感器信号进行检测时，只能接收其内设范围以外的（传感器）超常信号，从而判别传感器有无故障。一般在解读故障代码后，只要对相应的传感器、导线连接器、导线进行检查，找到并排除断路、短路的故障点，即告成功。但是，若因某种原因使传感器的灵敏度下降（虽在ECU设定的范围之内，但反应迟钝、输出特性偏移等），则自诊断系统就检测不出来了。尽管发动机确有故障表现，但自诊断系统却输出了表示无故障的正常代码。这时就应该根据发动机的故障症状进行分析判断，继而对传感器单体进行针对性的检测，以找到并排除传感器故障。

例如，当发动机怠速不稳并伴有行驶中发动机运转失调，系统又无故障代码输出时，首先值得考虑（怀疑）的便是空气流量传感器或者进气歧管（真空）压力传感器出了故障。因为这两个传感器性能的好坏直接影响到基本燃油喷射量，尽管此时没有显示相应的故障代码，也应该对它们进行检查。

自诊断系统可能显示错误的故障代码。这是由于工况信号失误而引起的。维修不当会引发错误的故障代码。

例如，在发动机运转过程中，若随意拔下传感器插头进行试验，则每拔掉一个传感器插头，ECU就会记忆一个相应传感器的故障代码。另外，若上一次对电喷汽车修理后，由于操作不当而未能完全消除旧的故障代码，那么在本次读码时，那些残存的旧码仍然要重复显示，给维修工作带来混乱及困难。

ECU所控制的仅是发动机的电喷部分，而无法兼顾（监测）发动机的全部（尤其是纯机械部分）。因此在进行维修时，必须首先正确区别两类故障的发生部位和表现特征，方能准确、迅速地判定和排除故障。

在ECU自诊断系统正常的前提下，若发动机有故障征候而故障警示灯未亮（即无故障代码出现），则这些故障往往与电喷控制系统无关。此时，应按传统发动机故障的判断步骤进行排查；切记不要盲目检查微机系统的执行器、传感器和电路，否则不仅徒劳无功，稍有不慎还会损坏与ECU相关的某些器件。例如，当火花塞的高压线有缺陷时，往往会出现怠速不稳、加速断火、排气"放炮"等故障现象，而ECU并不能检测到这类故障。

　　电喷发动机控制系统的工作可靠性很高，使用中出现故障的概率很小。故在一般的检修中不要随便拆检器件或无意识地拆除其连接器或导线（尤其是ECU的有关部分）。只有在确认发动机本身及点火系统已排除机械类故障后，才可对其进行检查。检查时，要根据本车型资料，按规定的程序和要求，一丝不苟地执行。

　　即便是电喷控制系统本身的故障，往往也是以一般的机械故障形式出现的，如接线不良、喷油器或滤清器脏污堵塞、进气道有积炭等。因此，在对ECU自诊断系统所显示的故障进行检查时，也应首先从简单的机械故障查起。尤其是显示"进气系统故障"时，应特别注意加（机）油口和量（机）油孔是否密封可靠、空气流量计与进气系统相配零件是否松脱、进气歧管压力传感器的真空软管是否破裂或密封不严甚至脱落等。

第 2 章
汽油发动机电控系统传感器

2.1 空气流量计

2.1.1 空气流量计的分类与特点

发动机采用精密的空气计量传感器计量进入发动机的空气量，发动机ECU根据空气计量传感器信号初步设定基本供油量，以满足发动机各种工况空燃比，进而保证发动机各种工况对混合气的要求。空气计量传感器按测量空气流量的方法可分为两种：直接测量方法传感器——空气流量计，间接测量方法传感器——进气歧管压力传感器（负压传感器）。

直接测量方法传感器按其测量信号转化形式又可分为以下三种。

① 机械式空气流量计，即可动叶片式空气流量计。其特点是将燃油泵控制开关、空气温度传感器、CO调节器及空气流量计等功能融为一体，结构较复杂，但精度较高。不过由于叶片具有弹簧阻力增加了进气阻力，使它对发动机在急加速时的响应不够理想，故现在很少使用。

② 卡尔曼涡流式空气流量计。它是通过采集涡流频率完成空气流速测量的，主要是通过光电（如丰田车型）和超声波（如韩国现代、日本三菱等）采集进气涡流，具有进气阻力小、计量准确的特点，但因其结构复杂、不耐震动且造价高，现已逐步被热线式空气流量计取代。

③ 热线式空气流量计。热线式空气流量计按其热线形式又分为以下三种。

a.热丝式——将加热丝均匀分布在计量通道内。热丝式空气流量计精度高、分布均匀，可精确计量空气量，但由于热丝很细（0.01～0.05mm）且暴露在空气中，在空气高速流动时，空气中的沙粒很容易击断热丝。

b.热膜式——将加热丝印制在一块线路板上，并将线路板固定在空气通道中间。由于热丝被固定且受到保护膜的保护，因此寿命延长，但由于保护膜热传导较差，因此会影响计量精度。

c.热阻式——将加热丝绕成线圈形式固定在石英玻璃管内或暴露在空气通道内。因热阻式空气流量计热丝被固定，故热线寿命延长，但由于热阻面积很小，只能部分采空气流量，要求空气通道内空气流速均匀，因此常在进气侧安装梳流格栅。此空气流量计为插槽式，结构紧凑且质量轻，可使部分进气流经检测区域；通过直接测量进气质量和流率，可确保检测精度并减小进气阻力。

由于热膜式和热阻式空气流量计均是部分采集空气计量空气量，因此精度较热丝式空气流量计差。另外，热丝式、热膜式和热阻式空气流量计还都易受空气中水分及灰尘的污染，所以在控制电路上都做了专门的设计，每次打开点火开关或关闭点火开关后，流量计中的热丝会由电路提供瞬时大电流加热，使热丝瞬间产生高温（700～1000℃），烧掉污染在热丝、热膜或热阻表面的杂质，以保持空气流量计量精度。

有的空气流量计内配备了内置式进气温度传感器，其结构如图2-1所示。

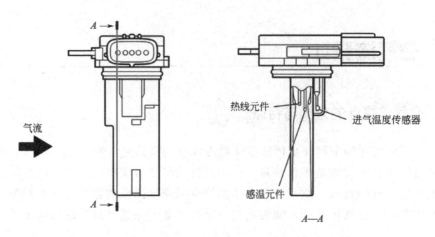

图2-1 空气流量计结构

2.1.2 热膜式空气质量测量仪

（1）传感器功能与原理

热膜式空气质量测量仪固定在进气消声器上，见图2-2。

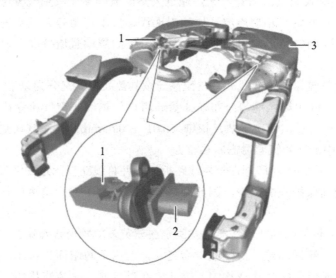

图2-2 空气质量计安装位置

1—热膜式空气质量测量仪；2—5芯插头连接；3—进气消声器

热膜式空气质量计是一个组合式传感器。热膜式空气质量计获取实际空气量，不受轮胎充气压力影响。结合其他传感器，发动机控制单元计算出喷射的燃油量。有一个进气温度传感器集成在热膜式空气质量计内。该传感器用于测量废气涡轮增压器之前的进气温度。

有一个电动加热式测量元件将突出在气流中。该测量元件的温度始终保持恒定。气流带走测量元件的热量。空气流量越大，则保持测量元件温度恒定所必须投入的能量就越多。

热膜式空气质量计的特性线扩展到空气流量的负值域（大于550μs的范围）。由于同一个气缸列上的点火间隔不均匀而产生的脉冲，导致在行驶模式下也会出现负空气流量。这一负空气流量将在计算中得到补偿。

（2）传感器电路连接

传感器在12V的电压下运行。进气温度传感器由发动机控制系统提供5V电压。其电路连接如图2-3所示。

由一个电子分析装置对热膜式空气质量计内的测量数据进行分析。由此可以准确记录流过的空气质量，包括流动方向。通过传感器元件，仅记录下一部分的空气流量。流经量管的整个空气质量将根据校准结果进行确定。

（3）传感器信号曲线及标准值

热膜式空气质量计具有一个以频率设码的输出信号，其特性曲线如图2-4所示。传感器的设计可以识别出回流（进气管内的动态脉动），并可以在数值和流动方向上进行处理。

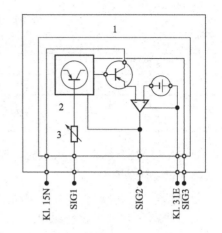

图2-3 空气质量计电路

1—热膜式空气质量测量仪；
2—电子分析装置；
3—进气温度传感器

脚位说明：Kl.15N——总线端Kl.15N，供电电压；SIG1——模拟进气温度信号；SIG2——空气质量信号；Kl.31E——总线端Kl.31，电子接地线；SIG3——数字式进气温度信号。

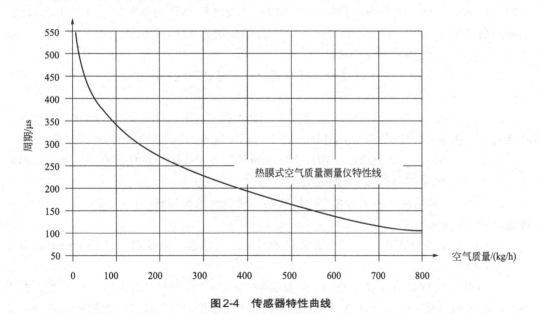

图2-4 传感器特性曲线

空气质量的信号品质取决于温度。要准确确定空气质量，需要有高精度。因此，发动机控制单元所接收到的空气质量信号必须通过进气温度传感器信号进行修正。

热膜式空气质量计具有的标准值见表2-1。

表2-1　热膜式空气质量计的标准值

项目	数值	项目	数值
电压范围	7.5～17V	进气温度测量范围	-40～110℃
最大电流消耗	小于0.1A	频率范围	1～15kHz
热膜式空气质量测量仪测量范围	-60～850kg/h	温度范围	-40～120℃

在热膜式空气质量计失效时，预计将出现以下情况：在发动机控制单元中记录故障代码；以替代值紧急运行。

热膜式空气质量计具有自诊断功能，可识别出内部传感器故障。此外，两个数字式输出信号——空气质量和温度信号，既可在电气方面也可针对值域内的错误进行检查。如果热膜式空气质量计识别出一个内部错误，则空气质量信号便会长期被设置为"低"，温度信号长期设置为"高"。

2.1.3　空气流量计故障检修

（1）叶片式空气流量计故障

① 空气流量计与节气门体连接胶管不密封故障　叶片式空气流量计集燃油泵开关、空气温度传感器和CO调节等功用于一体，所以空气流量计与节气门体的连接用胶管良好密封是保证正确计算进气量工作的必要条件。一旦胶管密封不严或损坏，常会造成以下故障：发动机冷启动能着车，热机后怠速熄火；发动机热启动着车后，怠速迅速熄火；发动机启动着车，怠速抖动，挂挡时熄火（自动变速器）；发动机怠速正常（经调CO装置），加速时混合气过稀产生回火。

② 叶片式空气流量计断线故障　叶片式空气流量计断线后，发动机一般存有故障码，内容多为下列几种。

a.地线断路。由于地线断路，造成空气流量计输出电压保持在最高，因此空气温度传感器也保持在输出电压最高，电脑供油过量，CO排放超标，发动机运转时冒黑烟。

b.火线断路。由于供电火线断路，空气流量计始终保持输出电压最低，因此发动机怠速可以运转，最高空转转速低于2500r/min，加速无力。

c.参考电压线断路。由于参考电压线断路，使空气流量计输出电压偏高，因此发动机排放CO严重超标。

d.燃油泵开关损坏或开路。发动机启动时燃油泵供油，启动后，燃油泵继电器不工作，发动机熄火。

③ 叶片式空气流量计调整故障　叶片式空气流量计应保持叶片及滑道的清洁。在调整时，通过调节空气旁通道的开度即可调节发动机CO排放。当确认进气无漏气及叶片无卡滞现象时，调节CO以满足怠速尾气排放要求。

（2）卡尔曼涡流式空气流量计故障

卡尔曼涡流式空气流量计是将经过传感器上端集成电路处理后的信号传送给电脑，一般输出的是频率信号，故测量输出电压一般为2.2～2.8V。当空气流量变化时，电压始终不变,而输出的脉冲频率发生变化,因此不能根据测量电压高低确定流量变化。

此种空气流量计一般应注意以下两项的检查。

① 检查线路电压。供电电压为4.5～5.5V;信号电压为2.2～2.8V;空气温度传感器开路时电压为5V,短路时电压为0.1V。

② 检查进气通道清洁及梳流格栅清洁性。空气通道及梳流格栅不清洁将直接影响空气流动的平稳性,特别是在发动机高速运转时,这些污染将造成空气产生振动而被记作流量信号,从而影响空气流量计精度。

(3) 热线式空气流量计故障

热线式空气流量计的计量方式主要以空气质量为主,一般不受进气温度影响。另外,由于它在开机和关机时需要自清洁,因此供电电压一般为12V,信号参考电压为5V,输出信号电压为0.3～4.5V。

由于现代电控发动机ECU具备自学习和记忆功能,能对空气流量计的污染情况进行记忆修正(用输入值反馈信号修正)。因此在对系统进行检测时,要注意检查空气流量数据变化情况,因为进气道漏气及节气门脏污将造成空气流量计数据失准,时常也会记忆故障码,所以不能简单地凭故障码判断空气流量计是否损坏。

① 节气门过脏,气缸及气门严重积炭造成发动机ECU记忆空气流量计故障及氧传感器故障。之所以这样,是因为节气门过脏后直接影响了进气通道的截面积,从而使进气量减少。为了稳定发动机怠速转速,电脑只能将电动节气门开度调大,以满足发动机怠速工况下对空气量的需求。电脑一方面接收来自空气流量计的进气量信号,一方面通过节气门开度与发动机转速来判断空气流量计准确程度,当2个计算差值超过预设值时,判断为流量计失准,便报空气流量计超值。当节气门严重污染时,节气门势必开得更大,但此时的实际进气量并未增加,故节气门位置传感器信号值会高于空气流量计信号值。而同时电脑也会修正空气流量计差值,但随着时间的延续,当修正值超过电脑预设值时,将报流量计失准故障。因此,应适时清洁节气门体,以保证空气流量计的准确性。

在车辆发生此类故障后,不要急于更换空气流量计,应首先对进气道、节气门、气缸和气门进行免拆清洁,然后再用专用设备清除电脑中的故障记忆(故障码和运行数据记录),并重新运行车辆进行初步设定,故障一般便可排除。

② 空气流量计进气梳流格栅故障。很多维修人员一般认为热线式空气流量计有了自洁功能后,热线部分便不易被污染,应该说这个观点是不对的。原因在于,若曲轴箱蒸气及空气滤芯过脏,则空气流量计格栅也易受到污染。由于热阻式空气流量计是取中间部分空气进行采样计算的,因此就要求进入空气流量计通道内空气须均匀。而当格栅过脏时,因空气在高速流动时产生扰流,故空气不能被准确计量,从而导致发动机加速时混合空气过稀产生回火现象。这种情况下就需要正确清洁空气流量计格栅。

2.1.4 传感器故障案例

 故障现象

奥迪Q5车辆,搭载CAD发动机与0B5变速器,仪表上EPC灯报警,试车车速在

30～40km/h时急加油耸车严重。

故障诊断

① 用VAS5052诊断，在发动机控制单元中存储5663 P010200 "空气流量计G70信号太小"的偶发性故障码，按照故障导航测试计划测量G70的插头无腐蚀，针脚无弯曲，针孔大小正常，测量G70的线路无断路及短路现象，供电电压正常。重新清洗节气门后让客户继续观察使用。

② 几天后客户反映依旧有故障现象，再次读取发动机控制单元故障码依旧为空气流量计信号太小的故障码，但试车依旧无法试到故障现象。怀疑可能线束的针脚有时接触不好，更换了空气流量计及发动机控制单元两侧的相关线束针脚。

③ 第3次客户反馈故障依旧并告知故障频率升高了。连接VAS5052A试车，故障现象为先出现耸车再出现EPC灯报警，在数据块中也发现以下两个现象。

a.4个气缸均有失火记录。

b.空气流量计的数值变化非常迟缓，大概需要30s变化1次，同时再次出现空气流量计信号太小的故障码。

④ 根据此现象拔掉空气流量计插头后试车故障消失，重新连接后故障再现。为了确切证实故障原因，与试驾车对换空气流量计后故障转移到试驾车上，确诊为空气流量计损坏。

故障排除

更换空气流量计。

2.2 进气压力-温度传感器

2.2.1 传感器功能与原理

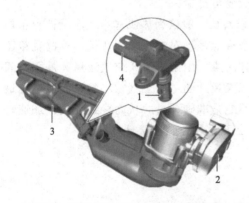

图2-5 进气压力-温度传感器安装位置

1—进气温度-进气压力传感器；2—节气门调节器；3—进气集气箱；4—4芯插头连接

进气温度和进气压力传感器拧紧在进气集气箱上，见图2-5。这一组合式传感器向发动机控制系统提供以下信息：节气门后的温度和节气门后的进气压力。

进气温度-进气压力传感器用于计算所吸入的空气量。此压力还用作负荷信号的替代值。

进气压力传感器采用应变仪进行压力测量。施加压力时，传感器中装有应变仪的金属膜会发生变形。应变仪的电阻变化将通过一个测量电桥，以电子方式进行记录并分析。然后，所测得的电压将作为实际值输入到增压压力调节装置中。

进气温度传感器进行温度记录时，使用的是与温度有关的电阻器。该电路包括一个分压器，可对其测量与温度有关的电阻值。通过一条传感器特有的特性线将电阻值转换成温度值。在进气温度传感器中安装有一个热导体（NTC），其电阻值随温度的上升而下降。此电阻值根据温度在167kΩ至150Ω的范围内变化，对应于-40℃至130℃的温度。

2.2.2 传感器电路连接

进气温度和进气压力传感器通过一个4芯插头连接进行连接，见图2-6。该传感器由发动机控制系统提供5V的电压。

2.2.3 传感器特性线及标准值

进气压力信号通过一根信号线传送到发动机控制系统。可分析的进气压力信号根据压力变化发生波动。测量范围为0.5～4.5V，对应于15～120kPa（0.15～1.2bar）的进气压力，其特性曲线见图2-7。

进气温度传感器的电阻随着温度在167kΩ至150Ω的范围内变化，对应于-40℃至130℃的温度。

进气压力传感器具有的标准值见表2-2。

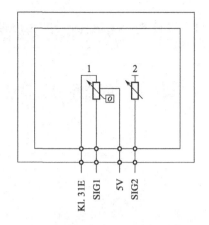

图2-6 进气温度-压力传感器电路

1—进气压力传感器；2—进气温度传感器

脚位说明：Kl.31E——总线端Kl.31，电子接地线；SIG1——进气压力信号；5V——5V供电压；SIG2——进气温度信号。

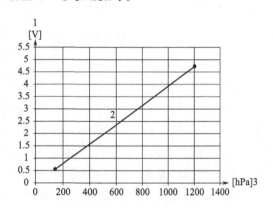

图2-7 进气温度-压力传感器特性曲线

1—电压；2—热导体（NTC）特性线；3—压力

表2-2 进气压力传感器的标准值

项目	数值	项目	数值
进气压力传感器电压范围	0.5～4.5V	最大输出电流	10mA
进气压力测量范围	0.15～1.2bar（1bar=10^5Pa）	温度范围	-40～130℃
进气温度分辨率	±1℃		

在进气温度和进气压力传感器失效时，预计将出现以下情况：在发动机控制单元中记录故障代码；以替代值紧急运行。

2.3 进气凸轮轴传感器

2.3.1 传感器功能与原理

进气凸轮轴传感器固定在气缸盖罩上,见图2-8。

进气凸轮轴传感器借助一个固定在凸轮轴上的增量轮(凸轮轴传感器齿盘)探测进气凸轮轴的位置。在曲轴传感器失灵时,发动机控制系统据此计算出发动机转速。进气凸轮轴传感器连同曲轴传感器一起,是全顺序喷射装置所必需的(每个气缸的燃油喷射都在最佳点火时刻)。

通过进气凸轮轴传感器,发动机控制系统可识别出第1个气缸是在压缩阶段还是换气阶段。另外传感器向VANOS系统提供凸轮轴位置的反馈信号,用于调节变量凸轮轴(VANOS)。

图2-8 进气凸轮轴传感器
1—进气凸轮轴传感器;2—3芯插头连接

进气凸轮轴传感器是作为无接触霍尔传感器安装的。凸轮轴传感器齿盘有6个不同的齿面。齿面距离由霍尔传感器进行记录。

发动机控制系统将由此计算出凸轮轴转速、凸轮轴速度、凸轮轴的确切位置。

为启动车辆,发动机控制单元检查下列条件是否满足:曲轴传感器发出的信号没有错误;必须以规定的时间顺序对凸轮轴转速与位置这两个信号进行识别。

这一步骤称为同步过程,并仅在车辆启动时执行。只有在同步以后发动机控制器才能正确地控制燃油喷射。不同步时不能启动车辆。

在加上电压时,便可识别出该传感器是处于一个齿的位置,还是处于一个缺口的位置。

2.3.2 传感器电路连接

测量方法是以一个霍尔集成电路为基础的。输出信号通过齿面显示低状态,通过空隙显示高状态。进气凸轮轴传感器根据曲轴传感器原理工作。但是凸轮轴传感器齿盘也会有根本性区别。通过一块专用遮挡模板,可在曲轴传感器失效后进行紧急运行。但是凸轮轴传感器信号的分辨率太不准确,因此无法在正常运行下更换曲轴传感器。传感器电路连接如图2-9所示。

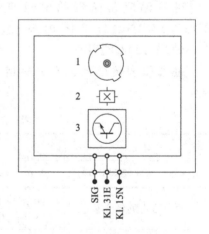

图2-9 进气凸轮轴传感器电路
1—凸轮轴传感器齿盘;2—霍尔传感器;
3—电子分析装置

脚位说明:K1.15N——总线端K1.15N,供电电压;K1.31E——总线端K1.31,接地;SIG——信号线。

2.3.3 传感器信号曲线及标准值

发动机控制器读入传感器信号并将信号与保

存的样本进行比较。通过比较传感器信号和样本,可以识别出凸轮轴的正确位置或偏差。传感器输出信号曲线如图2-10所示。

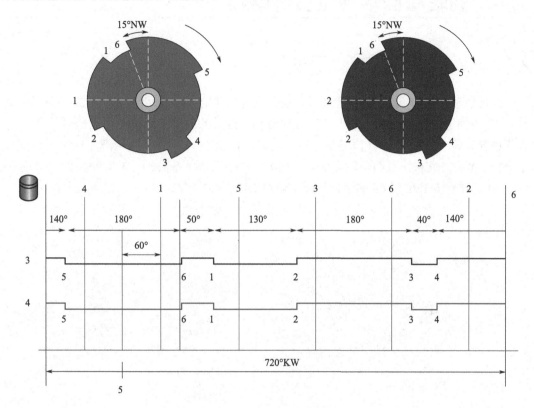

图2-10 进气凸轮轴传感器曲线

1—进气凸轮轴;2—排气凸轮轴;
3—进气凸轮轴信号;4—排气凸轮轴信号;
5—1号气缸上死点参考标记(点火开关);6—气缸

进气凸轮轴传感器具有的标准值见表2-3。

表2-3 进气凸轮轴传感器的标准值

项目	数值	项目	数值
电压范围	6～16V	空气间隙范围	0.4～2.0mm
最大工作电流	小于15A	最大输出电流	20mA
转速范围	0～4000r/min	温度范围	-40～160℃

在进气凸轮轴传感器失效时,预计将出现以下情况:在发动机控制单元记录故障代码;以替代值紧急运行。

对于进气凸轮轴传感器的诊断在以下条件下开始:数字式发动机电子伺控系统主继电器接通;发动机运行;发动机经过同步;未识别出发动机熄火;曲轴传感器发出的信号没有错误。

2.4 曲轴和凸轮轴位置传感器

2.4.1 传感器功能与原理

曲轴位置传感器为耦合线圈型。曲轴的正时转子有34个齿并空缺2个齿。曲轴每旋转10°，曲轴位置传感器就会输出曲轴旋转信号。空缺的齿用于判定上止点位置。

进气和排气凸轮轴位置传感器为磁阻元件（MRE）型。为了检测凸轮轴位置，曲轴每旋转2周，进气和排气凸轮轴上的各正时转子便会产生3个脉冲（3个高输出、3个低输出）。传感器的安装位置如图2-11所示，其输出信号见图2-12。

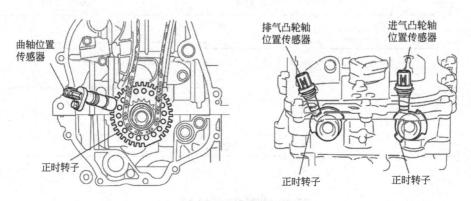

图2-11 传感器安装位置

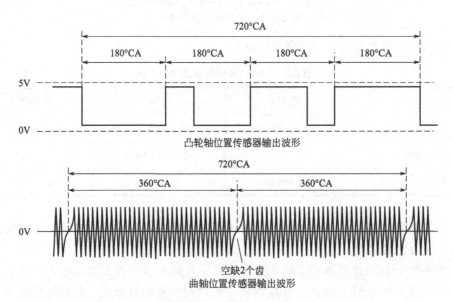

图2-12 传感器输出波形

2.4.2 MRE型凸轮轴位置传感器

MRE型凸轮轴位置传感器由MRE、磁铁和传感器组成。通过传感器的磁场方向随正时转子外形（凸起和未凸起部分）的不同而改变。因此，MRE电阻改变，输出至ECM的电压也随之升高或降低。ECM根据此输出电压检测凸轮轴的位置。传感器电路连接如图2-13所示。

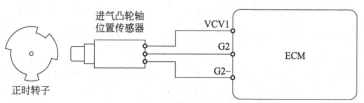

图2-13 进气凸轮轴位置传感器电路

MRE型凸轮轴位置传感器与常规车型上使用的耦合线圈型凸轮轴位置传感器的区别见表2-4和图2-14。

表2-4 MRE型凸轮轴位置传感器与常规车型上使用的耦合线圈型凸轮轴位置传感器的区别

项目	传感器类型	
	MRE	耦合线圈
信号输出	发动机转速低时开始持续输出数字信号	模拟输出随发动机转速的变化而变化
凸轮轴位置检测	通过比较NE信号与高/低输出转换正时（正时转子凸起和未凸起部分引起）进行检测，或根据高/低输出期间输入NE信号的数量进行检测	通过比较NE信号与正时转子的凸起部分经过时输出的波形变化进行检测

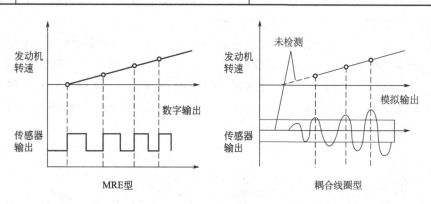

图2-14 MRE型和耦合线圈型输出波形图比较

2.4.3 传感器故障案例

奥迪A6L C6行驶中偶尔熄火。

故障诊断

① 用 VAS5052 检测无故障码,燃油压力数据均正常。该车曾因冷车、热车时均不好启动的故障维修过,更换过燃油泵、废气阀、炭罐及电磁阀。

② 考虑到故障是偶发的又进行过维修,对车辆进行了长时间试车没有出现熄火现象,但行驶时有时会出现发动机转速一下就降到底后马上恢复正常的现象。根据故障现象分析,燃油系统出现故障的可能性不大,因为燃油系统马上停止供油,但燃油系统中还会有余压,发动机不会马上就停止工作,只有发动机电脑控制停止喷油或点火,才会出现发动机马上熄火。

③ 于是对发动机点火系统线路进行检查,当轻摇发动机转速传感器线束时,发动机出现了熄火现象,因此判断为发动机转速传感器故障。

故障排除

更换发动机转速传感器。

2.5 节气门位置传感器

2.5.1 传感器原理

节气门位置传感器安装在节气门体上以检测节气门开度,见图2-15。节气门位置传感器将磁轭(与节气门轴安装在相同的轴上)围绕霍尔集成电路转动时产生的磁通量密度的变化转换为电信号以操作节气门控制电动机。

该传感器是一个具有线性输出的角度传感器,由两个圆弧形的滑触电阻和两个滑触臂组成。滑触臂的转轴与节气门轴连接在同一条轴线上。滑触电阻的两端加上5V的电源电压 U_S。当节气门转动时,滑触臂跟着转动,同时在滑触电阻上移动,并且将触点的电位 U_P 作为输出电压引出。所以它实际上是一个转角电位计,电位计输出与节气门位置成比例的电压信号。

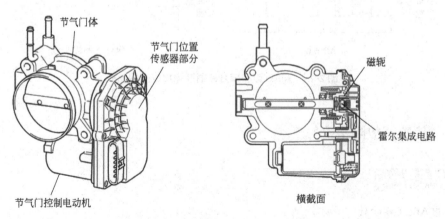

图2-15 节气门位置传感器安装位置

2.5.2 传感器电路连接

以博世 M7-Motronic 发动机管理系统为例，对于节气门逆时针转（在节气门轴方向上从传感器一侧往节气门看）时开大的制式，1 号接地，2 号接 5V 电源；对于节气门顺时针转（在节气门轴方向上从传感器一侧往节气门看）时开大的制式，1 号接 5V 电源，2 号接地，3 号输出信号。其电路连接如图 2-16 所示。

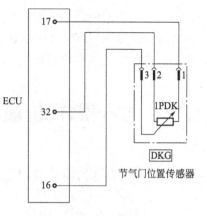

图 2-16 节气门传感器电路

2.5.3 传感器标准数据

（1）极限数据

量	值	量	值
两个极端位置之间的机械转角/（°）	≥95	储存温度/℃	−40/+130
两个极端位置之间的电气可用转角/（°）	≤86	许可的振动加速度/（m/s²）	≤700
许可的滑触臂电流/μA	≤18		

（2）特性数据

量	值		
	最小	典型	最大
总电阻（针脚 1-2）/kΩ	1.6	2.0	2.4
滑触臂保护电阻（滑触臂在零位，针脚 2-3）/Ω	710		1380
运行温度/℃	−40		130
电源电压/V		5	
右极端位置的电压比	0.04		0.093
左极端位置的电压比	0.873		0.960
U_P/U_S 随节气门转角的增加率/（°）$^{-1}$		0.00927	
质量/g	22	25	28

2.5.4 传感器维修

考虑到长时间运行以后节气门轴密封处的泄漏，建议将节气门轴相对于竖直方向至少偏转 30°安装。紧固螺钉的许用拧紧力矩为 1.5 ～ 2.5N·m。

故障现象

加速不良等。

一般故障原因：人为故障。

维修注意事项：注意安装位置。

简易测量方法：卸下接头，把数字万用表打到欧姆挡，两表笔分别接传感器 1 号、

2号针脚，常温下其电阻值为（2±0.2）kΩ；两表笔分别接1号、3号针脚，转动节气门，其电阻值随节气门打开而阻值线性变化，而接2号、3号针脚时则是相反的情况。

在观察电阻值变化的时候，注意观察阻值是否有较大的跳跃。

2.6 加速踏板位置传感器

2.6.1 传感器功能与原理

加速踏板模块探测加速踏板位置，将驾驶员意愿以电信号的形式输出到发动机控制单元。

加速踏板位置由2个传感器分开探测。之所以使用2个传感器，是为了能够实现冗余，一个用于监控，另一个用于故障识别。

加速踏板行程由传感器作为角度来探测，并作为踏板角度（°）的模拟线形电压特性线直接输出到发动机控制单元。总加速踏板行程可机械转换为16°±0.5°。

图2-17 加速踏板模块

1—加速踏板拉杆；2—满负荷挡块；
3—6芯插头连接

加速踏板位置的每个改变都会在最多50ms内发送到发动机控制单元。传感器信号以模拟方式进行传递。发动机控制单元监控传感器的两个输入信号，并比较这些信号的可信度（如同步性、线性）。加速踏板模块如图2-17所示。

加速踏板在减小油门时的复位借助弹簧元件实现。无触点型加速踏板位置传感器采用霍尔集成电路。

磁轭安装在加速踏板臂上，根据施加至加速踏板的作用力大小围绕霍尔集成电路转动。霍尔集成电路将磁通量的变化即时转换为电信号，并将其以加速踏板作用力的形式输出至ECM。传感器结构见图2-18。

霍尔集成电路包括两个电路，一个用于主信号，另一个用于副信号。它将加速踏板踩下的角度转换为两个具有不同特性的电信号并将其输出至ECM。传感器信号特性如图2-19所示。

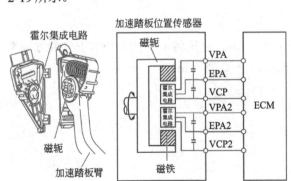

图2-18 加速踏板位置传感器位置与电路

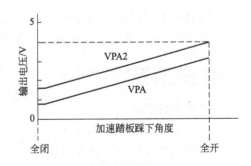

图2-19 加速踏板位置传感器信号特性

2.6.2 传感器电路结构

加速踏板模块按照感应原理工作。两个传感器由发动机控制单元分开提供5V电压和接地。电子分析装置根据加速踏板位置产生用于发动机控制单元的模拟电压信号。传感器信号分开传递到发动机控制单元（图2-20）。

线脚布置见表2-5。

表2-5 线脚布置

线脚Pin	说明
Kl.31E	总线端Kl.31，传感器1电子接地线
Kl.31E	总线端Kl.31，传感器2电子接地线
5V	5V供电电压，传感器2
SIG 1	传感器1信号线
5V	5V供电电压，传感器1
SIG 2	传感器2信号线

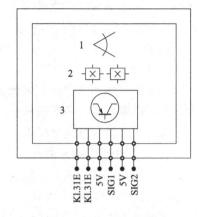

图2-20 传感器电路

1—加速踏板位置；2—霍尔传感器；
3—电子分析装置

2.6.3 传感器特性线及标准值

如图2-21所示为带强迫降挡开关的加速踏板模块的特性线。

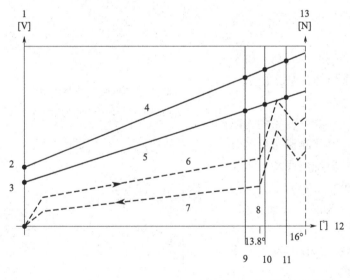

图2-21 传感器特性曲线

1—传感器电压；2—传感器1在怠速下的传感器电压；3—传感器2在怠速下的传感器电压；4—传感器1输出信号变化过程；5—传感器2输出信号变化过程；6—不断增大的制动踏板力的特性线；7—不断减小的制动踏板力的特性线（减小油门）；8—由于强迫降挡开始提高制动踏板力或由于强迫降挡结束减小制动踏板力；9—不带强迫降挡的满负荷位置；10—强迫降挡关闭；11—强迫降挡接通；12—踏板角度；13—制动踏板力

强迫降挡开始：提高制动踏板力的起始位置最早在机械终端限位前13.8°处，最迟在1.6°处。在不断增大的制动踏板力的特性线上，强迫降挡接通的阈值必须直接在强迫降挡开始的最大制动踏板力后。

强迫降挡结束：提高制动踏板力的结束位置最早在机械终端限位前1.6°处，最迟在

13.8°处。在不断减小的制动踏板力的特性线上,强迫降挡关闭的阈值必须直接在最大制动踏板力后。

电压值:两个传感器的信号值是供电电压的百分数。传感器1,在怠速转速时数值是供电电压的15%,在终端限位时约为90%。传感器2,在怠速转速时数值是供电电压的7.5%,在终端限位时约为45%。

加速踏板模块标准值:电压范围4.5～5.5V;最大电流消耗15mA;温度范围-40～80℃。

加速踏板模块只提供驾驶员意愿,因此加速踏板模块对其他执行器不进行直接干预。发动机控制单元必须确保在传感器信号失灵时采用车辆的可靠状态。

部件失灵时,可能出现以下情况。

① 一个传感器信号失灵。在发动机控制单元中记录故障代码;检查控制信息;发动机紧急运行程序(车辆驱动机构受电子限制,能够有条件地继续行驶)。

② 两个传感器信号失灵。在发动机控制单元中记录故障代码;检查控制信息;发动机紧急运行程序(不能再继续行驶,发动机怠速运行)。

2.7 冷却液温度传感器

2.7.1 传感器功能与原理

冷却液温度传感器根据发动机的不同类型安装在不同的位置。

冷却液温度传感器将冷却液温度和发动机机油温度转换成一个电气参数(电阻值)。对此使用一个具有负温度系数(NTC)的电阻。

进行温度记录时,使用的是与温度有关的电阻器。该电路包括一个分压器,可对其测量与温度有关的电阻值。通过一条传感器专用特性线将电阻值换算成温度。在冷却液温度传感器中安装有一个热敏电阻(NTC),其电阻值随温度的上升而下降。传感器外观如图2-22所示。

此电阻值根据温度在217kΩ至37Ω的范围内变化,对应于-55℃至155℃的温度。

图 2-22 冷却液温度传感器

1—2芯插头连接;2—冷却液温度传感器

2.7.2 传感器电路连接

冷却液温度传感器通过一个2芯插头连接进行连接,见图2-23。此电阻是一个由发动机控制单元提供5V供电的分压器电路的部件。

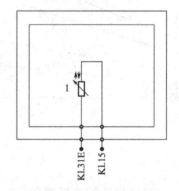

图 2-23 传感器电路

1—热敏电阻

线脚布置:Kl.31E——总线端Kl.31,电子接地线

2.7.3 传感器特性线及标准值

电阻取决于冷却液温度。在发动机控制单元中存储了一个表格，此表格说明了每个电阻值的对应温度。借此可补偿电阻和温度之间的非线性关系（图2-24）。

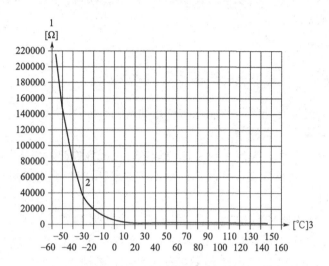

图2-24　传感器特性曲线

1—电阻；2—热导体（NTC）特性线；3—温度

冷却液温度传感器具有的标准值见表2-6。

表2-6　冷却液温度传感器的标准值

参数	值	参数	值
25℃时的额定电阻	（2252±1.5%）Ω	温度分辨率	±1℃
电流消耗	1mA	最大输出电流	20mA
响应时间	15s	温度范围	-40～150℃

冷却液温度传感器失灵时，预计将出现以下情况：在发动机控制单元中记录故障代码；以替代值紧急运行。

2.7.4 传感器故障案例

 故障现象

该车因事故维修更换了缸体、水箱、冷凝器等零件，维修后出现水温表高温指示灯点亮的故障。

 故障分析

出现此种情况的可能原因如下。

① 冷却液量不够。

② 风扇及其电路问题。
③ 节温器不能正常打开，造成水箱上下水温不一致。
④ 水箱内部有严重堵塞。
⑤ 冷却系统内有空气，造成水温传感器1、2检测到的温度不一致。
⑥ 水温传感器故障。
⑦ 水温表高温指示灯故障。

故障检修

① 考虑到水箱是新更换的，所以水箱严重堵塞的可能性不大。
② 检查冷却液量，符合标准。
③ 将发动机充分暖机，发现当仪表高温指示灯已经点亮时，风扇仍不转。
④ 打开空调，散热器风扇和冷凝器风扇都高速运转，说明散热器风扇电机及其电源、接地电路没有问题。
⑤ 检查散热器风扇控制电路。利用HDS查看数据列表：在仪表高温指示灯点亮时，水温传感器1已经达到101℃。在这种温度情况下机油已经失去润滑作用，因此马上停止了发动机工作。待发动机冷却后启动发动机，检查数据列表。具体数值如图2-25所示。

发动机转速	r/min	675
车速	km/h	0
ECT传感器1	℃	87.0
ECT传感器2	℃	16.0

图2-25　传感器数据

可以看出，在水温传感器1达到87℃时，发动机传感器2的温度只有16℃。水箱的上下水温有很大的差距，检查水箱上下水管温度，温度大致相同，这说明节温器已经打开，两水温传感器温度数值应该非常接近，而HDS显示的水温传感器1、2的读数相差达71℃，很可能是水温传感器问题

⑥ 用手感受水箱下水管的水温已经很烫，说明水温传感器2检测到的温度不正确，所以判断为水温传感器2故障

故障排除

更换水温传感器2故障排除。更换后的数据见图2-26，两水温传感器数据正常。

发动机转速	r/min	669
车速	km/h	0
ECT传感器1	℃	91.0
ECT传感器2	℃	88.0

图2-26　水温传感器正常数据

> 维修小结

锋范车型有两个水温传感器，PCM通过比较ECT1和ECT2的参数来判断节温器是否开启，只有在节温器打开且水温传感器2检测温度值达到PCM控制风扇运转的设定值时，PCM才控制风扇运转；水温传感器1被用于控制仪表温度指示。

2.8 气缸盖温度传感器

2.8.1 传感器功能与原理

该温度传感器被拧入气缸盖。传感器外观如图2-27所示。

气缸盖温度传感器信号还可用于替代冷却液温度传感器信号。因此，需要通过热量管理模块更加精确地控制冷却液，从而更有效地影响功率、油耗和排放。

该温度传感器用于探测第一个气缸废气道范围内的气缸盖材料温度。

进行温度记录时，使用的是与温度有关的电阻器。该电路包括一个分压器，可对其测量与温度有关的电阻值。通过一条传感器特有的特性线将电阻值转换成温度值。气缸盖温度传感器中安装有一个热敏电阻（NTC），其电阻值随温度的上升而下降。

此电阻值根据温度在110kΩ至150Ω的范围内变化，对应于-40℃至150℃的温度。

2.8.2 传感器电路连接

气缸盖温度传感器通过一个2芯插头连接进行连接，见图2-28。此电阻是一个由发动机控制单元提供5V供电的分压器电路的部件。

图2-27 气缸盖温度传感器

1—气缸盖温度传感器；2—2芯插头连接

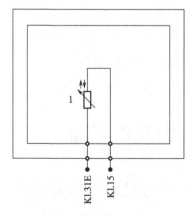

图2-28 传感器电路连接

1—热敏电阻

线脚布置：总线端Kl.31E-总线端Kl.15，电子接地线。

2.8.3 传感器特性线及标准值

电阻上的电压与冷却液温度有关。在发动机控制单元中存储了一个表格，此表格说明了每个电压值的对应温度。借此可补偿电压和温度之间的非线性关系。传感器特性曲线如图2-29所示。

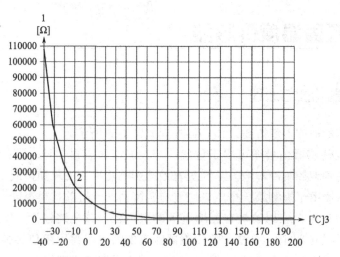

图2-29 传感器特性曲线

1—电压；2—热导体（NTC）特性线；3—温度

气缸盖温度传感器具有的标准值见表2-7。

表2-7 气缸盖温度传感器的标准值

参数	值	参数	值
25℃时的额定电阻	（6073±1.5%）Ω	温度分辨率	±1℃
电流消耗	1mA	最大输出电流	20mA
响应时间	15s	温度范围	−40～150℃

气缸盖温度传感器失灵时，预计会出现以下情况：在发动机控制单元中记录故障代码；以替代值紧急运行。

2.9 爆震传感器

2.9.1 传感器功能与原理

爆震传感器固定在曲轴箱左右两侧，见图2-30。

爆震传感器用于记录固体声振动（敲击）。敲击式燃烧可损坏发动机。爆震传感器的数据令发动机控制系统可以采取应对措施。汽油发动机中，在特定条件下可能变成响铃式燃烧过程。该响铃式燃烧过程将降低最早可能出现的点火时刻，并由此限制发动机的功率和效率。

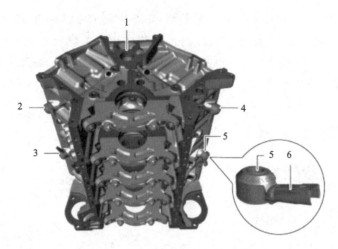

图2-30 爆震传感器安装位置

1—曲轴箱；2—1号和2号气缸的爆震传感器；3—3号和4号气缸的爆震传感器；
4—5号和6号气缸的爆震传感器；5—7号和8号气缸的爆震传感器；6—2芯插头连接

这一不希望见到的燃烧过程被称为爆震，是由于尚未被火焰前端接触到的混合气自燃所产生的结果。正常燃烧和由活塞所产生的压缩将产生压力和温度上升，它们可导致尚未点燃的混合器发生自燃。这时，所出现的火焰速度将超过2000m/s，而正常燃烧时，该速度仅为约30m/s。

爆震的原因可能是燃油等级低（ROZ/MOZ）（辛烷值）、气缸进气压力高、进气温度和发动机温度过高、压缩比过高（如沉积）。

在较长时间持续爆震时，压力波和热负荷可能在气缸盖密封件上、活塞上和气门区域内引起机械损坏。爆震燃烧的特征性振动可通过爆震传感器被接收，转换为电信号，并被输送到发动机控制系统。在发动机控制系统中，将对这些信号进行处理，以使它们与相应的气缸进行对应。

平面型爆震传感器通过安装在气缸体上的双头螺栓安装在发动机上。因此，在传感器中心有一个可使双头螺栓穿过的孔。

钢制配重位于传感器内侧上部，压电元件穿过隔振垫位于此配重下方。断路/短路检测电阻器是集成一体的。传感器结构见图2-31。

爆震振动传递至钢制配重，钢制配重的惯性对压电元件施加压力。此过程中会产生电动势。部件原理见图2-32。

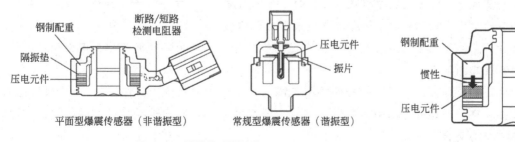

图2-31 爆震传感器结构   图2-32 爆震传感器原理

点火开关为ON时，爆震传感器内的断路/短路检测电阻器和ECM内的电阻器使发动机端子KNK1的电压保持恒定。ECM内的IC（集成电路）始终监控端子KNK1的电压。如果爆震传感器和ECM间发生断路/短路，则端子KNK1的电压将会发生变化且ECM将检测断路/短路并存储诊断故障码（DTC）。爆震传感器电路如图2-33所示。

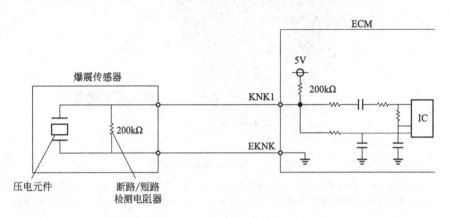

图2-33　爆震传感器电路

2.9.2　传感器电路连接

信号的转换通过一块压电陶瓷片进行。通过压力，在陶瓷内部产生电荷移动，从而产生电压。该电压通过接触片被获取。内部结构与外边电路如图2-34所示。

2.9.3　传感器特性

常规型爆震传感器（谐振型）的内置振片与发动机的爆震频率有相同的共振点，并能检测到某一频段的振动。但是，平面型爆震传感器（非谐振型）可检测到更宽频段（从约6kHz至15kHz）的振动，它具有下列特征：发动机爆震频率根据发动机转速的不同会稍有变化，即使发动机爆震频率改变时，平面型爆震传感器也可检测到振动。因此，与常规型爆震传感

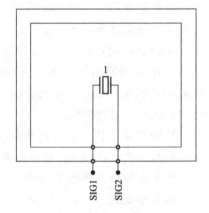

图2-34　爆震传感器电路
1—爆震传感器

脚位说明：SIG1——信号差1；SIG2——信号差2。

器相比，采用平面型爆震传感器可提高振动检测能力，且能更精确地控制点火正时。传感器特性如图2-35所示。

爆震传感器在最高约20kHz的频率范围内显示出线性特征，见图2-36。传感器自身的谐振频率出现在一个高得多的频率下（大于30kHz）。通常出现的发动机爆震声在大约7kHz的频率范围内变动。

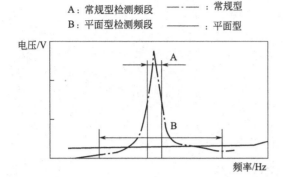

图 2-35　爆震传感器特性

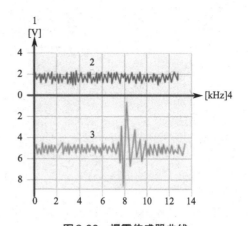

图 2-36　爆震传感器曲线

1—电压；2—不带爆震的信号；
3—带爆震的信号；4—频率

2.9.4 传感器的正确安装

传感器的检查方法根据所采用的断路/短路检测电阻器的不同而有所改变。为防止连接器内积水，务必将平面型爆震传感器安装在如图2-37所示的位置。

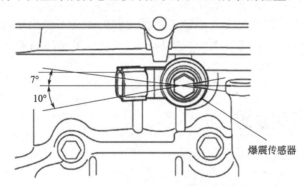

图 2-37　爆震传感器正确安装位置

2.9.5 传感器故障案例

故障现象

本田奥德赛车型油耗高，百千米耗油17～18L，无DTC。

检修过程

数据分析发现"爆震延迟"数值很高（图2-38），明显异常，可能原因为气缸内积炭过多、爆震传感器不良、点火不良、汽油品质不良等。检查结果为爆震传感器损坏，更换爆震传感器后故障解决。

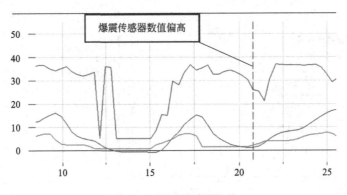

图 2-38　爆震传感器数值

维修小结

发动机爆震原因主要如下。

① 火花塞故障造成点火不良。
② 点火提前角过大。
③ 冷却系统不良以致燃烧室和火花塞温度过高，点火、燃烧不良。
④ 汽油油品问题，辛烷值不足等。

由于加注了油品不良的汽油，车辆在行驶过程可能会不断出现爆燃异响，因此在遇到此类发动机异响问题时，可以先加入高标号正品油，看故障有否改善来判断是否为油品问题。

2.10　离子传感器

2.10.1　传感器功能与原理

马自达新型发动机SKYACTIV-G 1.5、SKYACTIV-G 2.0、SKYACTIV-G 2.5直接点火系统采用了离子传感器。系统通过检测燃烧室内的离子生成，来检测预点火；通过向火花塞施加偏压，可以电流形式检测燃油燃烧产生的离子，该电流在点火线圈内部电路中放大后被发送到PCM。

离子传感器内置在点火线圈中，见图2-39。

传感器工作原理：聚集偏压电容器1中点火线圈的次级电流并通过向火花塞施加偏电压来检测离子电流2；将经电流放大电路3放大的电流4导入从PCM引出的点火线圈；PCM测量/转换发送到点火线圈和监控器的电流。传感器电路原理如图2-40所示。

图 2-39　内置于点火线圈的离子传感器

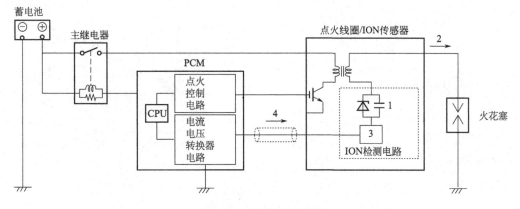

图2-40 传感器电路原理

1—偏压电容器；2,4—电流；3—电流放大电路

离子产生过程：燃油燃烧=化学反应/分离；所产生的负离子移动到施加偏电压的火花塞中央电极，正离子移动到接地的发动机壁面，于是电流从火花塞流向点火线圈。离子形成机制如图2-41所示。

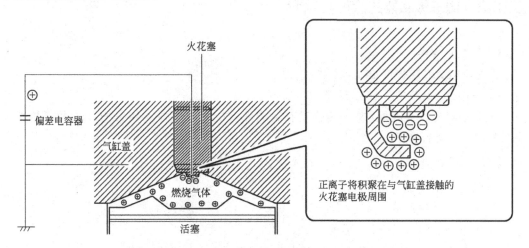

图2-41 离子形成机制

2.10.2 离子传感器的拆卸

点火系统部件位置如图2-42所示。

由于离子传感器与点火线圈集成在一起，因此更换离子传感器需要更换点火线圈/离子传感器。

① 断开蓄电池负极导线。

② 拆下发动机罩盖。

③ 拆下点火线圈/离子传感器（图2-43）。

④ 用火花塞专用扳手拆下火花塞。

⑤ 按照与拆卸相反的顺序进行安装。

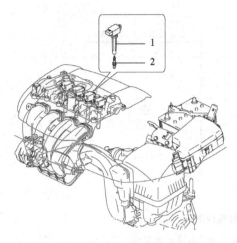

图2-42 点火系统位置索引图[SKYACTIV-G 2.0]

1—点火线圈/离子传感器；2—火花塞

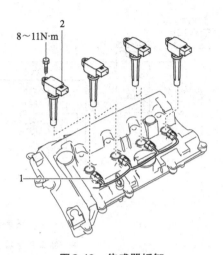

图2-43 传感器拆卸

1—连接器；2—点火线圈/离子传感器

2.10.3 离子传感器的检查

（1）DTC检查

① 将M-MDS连接至DLC-2。

② 使用M-MDS进行DTC检查。

如果显示和点火线圈/离子传感器有关的任何DTC，则按照相关的DTC故障检修程序对故障部件进行修理。

（2）目视检查

① 断开电池负极电缆。

② 拆下发动机罩盖。

③ 拆下点火线圈/离子传感器。

④ 确认点火线圈/离子传感器没有损坏，连接器也没有腐蚀或损坏。

如发生故障，则应更换点火线圈/离子传感器。

2.11 燃油油位传感器

2.11.1 传感器功能与原理

在燃油箱的半部油箱的位置上分别安装有2个燃油油位传感器，见图2-44。通过这些传感器可以确定燃油箱油位，并通过组合仪表显示出来。

燃油油位传感器由下列组件构成：具有滑动触头和滑动触头轨道的电位计、杠杆臂、浮子。

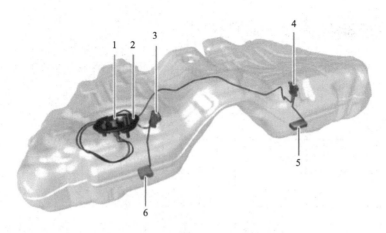

图2-44 燃油油位传感器安装位置

1—6芯插头连接器；2—维修盖板（带有位于燃油箱的部件连接）；
3—燃油油位传感器2；4—燃油油位传感器1；
5—燃油油位传感器1杠杆臂上的浮子；6—燃油油位传感器2杠杆臂处的浮子

仅燃油油位传感器2可以单独进行更换。燃油油位传感器2安装于右侧半部油箱。

总线端Kl.15接通后，组合仪表中的油位表显示燃油箱油位。

接线盒电子装置（JBE）或后部电子模块给两个燃油油位传感器供电。接线盒电子装置或车尾电子模块（REM）通过电位计上的电压降（取决于液位）确定一个电阻值。该电阻值被发送至组合仪表（KOMBI）。在组合仪表中通过特性线确定以公升为单位的燃油箱油位。

具有滑动触头和滑动触头导轨的电位计位于燃油油位传感器1或燃油油位传感器2的万向节内，浮子和杠杆臂的位置根据燃油箱油位发生变化，因此按照一定的电阻值可以分配各种角度。

2.11.2 传感器电路连接

燃油油位传感器已经与维修盖板的6芯插头连接实现连接，见图2-45。通过该插头连接，每个燃油油位传感器经自带的供电导线以及信号线与接线盒电子装置（JBE）或后部电子模块（REM）连接。

线脚布置见表2-8。

表2-8 线脚布置

线脚 Pin	说明
SIG1	燃油油位传感器1的信号
SIG2	燃油油位传感器2的信号
U1	燃油油位传感器1的供电电压
U2	燃油油位传感器2的供电电压

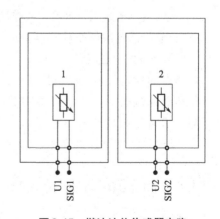

图2-45 燃油油位传感器电路

1—燃油油位传感器1；2—燃油油位传感器2

2.11.3 传感器特性曲线及标准值

燃油油位传感器的测量范围为 0～200mm，符合可能的 75L 编码型号（如整个油箱容积为 82L）。传感器特性曲线如图 2-46 所示。

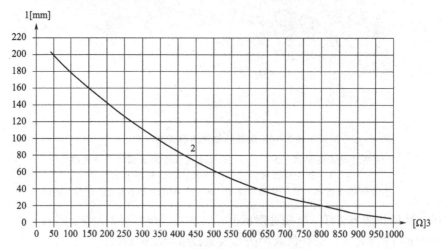

图 2-46 燃油油位传感器特性曲线

1—燃油油位传感器的测量范围；2—燃油箱油位特性线；3—电阻

燃油油位传感器 1 或燃油油位传感器 2 具有的标准值见表 2-9。

表 2-9 燃油油位传感器的标准值

参数	值	参数	值
供电	7～16V	损失功率	≤0.125W
供电电压（间歇）	8V	温度范围	-40～80℃
工作电流（间歇）	20mA		

当燃油油位传感器 1 或燃油油位传感器 2 失灵时可能出现下列情况。

① 接线盒电子装置（JBE）或车尾电子模块（REM）内有故障记录。

② 一个传感器或两个传感器损坏，无接触不良。

a. 以标准油位表显示。

b. 通过油耗信号或发动机控制单元的喷射信号计算燃油箱油位。

c. 利用总线端切换（总线端 Kl.15 关闭和接通）加油后，油位表无变化，即油位表显示的燃油箱油位与加油前相同。

③ 传感器和喷射信号损坏，油位表显示为"0"（空）。

2.11.4 传感器故障案例

奥迪 A6L，搭载 BPJ 发动机的车型，打开钥匙门后仪表中间显示水箱系统故障，客户

反映油箱油表不准的时候才会出现该故障。

 故障诊断

① 当仪表油位报警灯亮后按压"check"按键，仪表就会显示水箱系统故障，询问客户油箱至少还有半箱油，说明此故障显示是仪表错误报警，应该是油箱系统故障。

② 用电脑读取故障码为油位传感器短路或对正极线路短路，静态故障；油位传感器是一个滑动电阻，此类故障一般都是由油位传感器脏污和损坏引起的。

③ 拆卸燃油泵分解油位传感器发现传感器表面并未脏污，而是滑动磁头的截面脏污。

 故障排除

清洁油位传感器。

 故障现象二

保时捷卡宴加满油后，仪表指针显示3/4多一点。

 检修过程

① 由于车辆检修时不是满箱油，不能看到现象，因此决定从油位传感器着手。拆下右边的油位传感器，测量电阻在50～299Ω间变化，正常。

② 拆下左边的油位传感器，测量电阻在70～298Ω间变化，不正常。

 故障排除

更换左边的油位传感器。

2.12 燃油箱压力传感器

2.12.1 传感器功能与原理

燃油箱压力传感器固定在电动燃油泵维修盖板的下面，见图2-47。燃油箱压力传感器用于测量燃油箱内的压力。在燃油箱压力传感器中还集成了一个温度传感器。该温度传感器同时还测量燃油箱内的温度。

燃油箱压力传感器并非都可以单独更换！大多数汽车的燃油箱压力传感器只能连同电动燃油泵一起更换。宝马F01 ActiveHybrid

图2-47 燃油箱压力传感器结构
1—电动燃油泵；2—燃油箱压力传感器；
3—3个接触销；4—维修盖板

和F02 ActiveHybrid除外。

燃油箱压力传感器的信号用作燃油箱单向阀控制的调节参数。该单向阀位于燃油箱和活性炭过滤器之间的排气管内。

传感器信号还用于通过车载诊断系统进行的燃油箱单向阀监控。

由一个压电元件进行压力的测量，该元件被封闭在凝胶中。燃油箱压力传感器用于测量燃油箱内的绝对压力。燃油箱内的温度根据PTC原理进行测量。

2.12.2 传感器电路连接

燃油箱压力传感器通过LIN总线与发动机控制系统连接，见图2-48。燃油箱压力传感器由总线端Kl.30B供电。通过接触销建立电力接触。

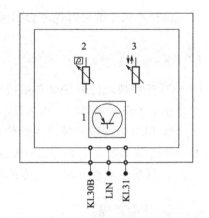

图2-48 燃油箱压力传感器电路

1—电子分析装置；2—压力传感器；
3—温度传感器

脚位说明：Kl.30B——供电；LIN——LIN总线；Kl.31——接地。

2.12.3 传感器标准值与诊断

燃油箱压力传感器具有的标准值见表2-10。

表2-10 燃油箱压力传感器的标准值

项目	数值	项目	数值
电压范围	9～16V	耗电电流（不含LIN）	20mA
压力测量范围	300～1323mbar	温度范围	-40～85℃

在以下条件下，需要利用诊断系统中的服务功能对燃油箱压力传感器进行匹配：在车辆中禁用了运输模式后；在对发动机控制单元进行编程后；在更新了电动燃油泵后（非F01、F02）。

如果不对燃油箱压力传感器进行匹配，则可能导致诊断错误。诊断错误可导致排放警示灯亮起。在进行燃油箱压力传感器匹配时应注意以下问题。

① 燃油箱存油量小于85%。
② 燃油箱温度必须在0～40℃之间。
③ 打开燃油箱盖，以确保燃油箱与环境间的压力平衡。
④ 打开点火开关，不要启动发动机。

当燃油箱压力传感器失灵时，预计将出现以下情况：在发动机控制单元记录故障代码；排放警示灯亮起。

在排放警示灯亮起后，驾驶者将不会再察觉到其他任何情况。由于燃油箱压力传感器失效时无法再测量燃油箱内的压力，因此燃油箱单向阀会持续打开，以作为保护。这样便能确保与环境的压力平衡。

2.13 真空自然泄漏检测（NVLD）温度传感器和压力开关

2.13.1 传感器功能与原理

真空自然泄漏检测（NVLD）是一种用于燃油蒸发系统的被动诊断系统。

NVLD需要发动机关闭较长时间，以便识别泄漏，因此无法快速测试是否泄漏。根据环境条件，诊断时间通常在发动机关闭6～12h之间。

在集成型中NVLD只是整体部件。温度传感器和压力开关集成到一个壳体中，见图2-49。真空自然泄漏检测（温度传感器和压力开关）位于活性炭过滤器的壳体上。

物理原理基于理想气体定律：质量保持不变且体积恒定时，压力和温度成正比。

这个物理原理用于通过NVLD识别燃油蒸发系统内的泄漏。

这意味着，温度降低时燃油箱内产生真空。NVLD通过一个温度传感器测量温度；NVLD通过一个压力开关确定真空度，开关则通过膜片来操纵。从相对环境压力达到某一真空度起，这个膜片接通压力开关。

燃油箱泄漏诊断在关闭发动机后静止状态下进行。通过温度差（如日间与夜间之间的温度差）来冷却燃油箱内的燃油。燃油箱内产生真空。如果不存在泄漏，则会保持真空。压力开关关闭。系统将燃油蒸发系统识别为密封。

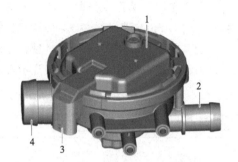

图2-49 真空温度传感器位置

1—温度传感器和压力开关；2—至活性炭过滤器；3—3芯插头连接；4—至新鲜空气滤清器

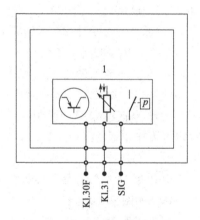

图2-50 真空温度传感器电路

1—电子单元

脚位说明：Kl.30F——若总线端Kl.30F出现故障，则通过接线盒中的配电器供电；Kl.31——总线端Kl.31；SIG——信号线，至发动机控制单元的真空自然泄漏检测。

2.13.2 传感器电路连接

发动机控制系统通过数据导线与温度传感器连接，以便进行通信。系统通过总线端Kl.30F为带温度传感器的电子装置供电，见图2-50。

2.13.3 传感器标准值与诊断

真空自然泄漏检测（NLVD）标准值见表2-11。

表2-11 真空自然泄漏检测（NLVD）标准值

项目	数值	项目	数值
电压范围	8～16V	转换压力（关闭压力开关）	$2.5^{+0.3}_{-1.0}$mbar
最大电流消耗	50mA	温度范围	$-40\sim120$℃

在考虑启动条件（诊断条件）的情况下，NVLD识别压力开关的位置（关闭或打开状态）。下次启动发动机时，发动机控制系统查询所确定的状态。

当真空自然泄漏检测失灵时预计出现下列情况：数字式发动机电子伺控系统（DME）中有故障记录；组合仪表中排放警示灯亮起。

2.14 乙醇传感器

2.14.1 传感器功能与原理

1923～1925年，巴西在点燃式发动机上试用过乙醇E100（E指Ethanol，E100即100%的乙醇）。按照我国的国家标准，乙醇汽油是用90%的普通汽油与10%的燃料乙醇调和而成。

为此必须确定乙醇含量，以针对改变的参数（如燃烧值、着火点或爆震倾向）调整燃烧过程。乙醇传感器即用于测量该含量。乙醇传感器随着特殊装备SA1AE Flexible Fuel一起投入使用。

乙醇传感器安装在燃油滤清器后低压侧。传感器外观如图2-51所示。

乙醇传感器测量乙醇含量和燃油中的温度。通过测量结果可以确定绝缘体电导率（=材料对电场的传导性）和温度。

计算完乙醇含量后，该含量以及温度通过按脉冲宽度调制的信号被传输到发动机控制单元。2个电极构成一个测量元件，它通过发送电流确定绝缘体电导率。

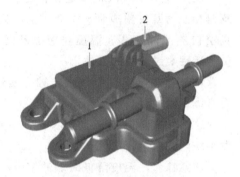

图2-51 乙醇传感器结构

1—乙醇传感器；2—3芯插头连接

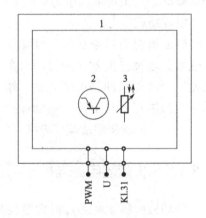

图2-52 乙醇传感器电路

1—乙醇传感器；2—分析电子装置带测量元件；3—温度传感器

脚位说明：PWM——乙醇含量信号和温度；Kl.31——总线端Kl.31。

2.14.2 传感器电路连接

乙醇传感器通过一个3芯插头连接进行连接，见图2-52。传感器由发动机控制单元提供供电。乙醇传感器的信号按脉冲宽度调制地传递。

2.14.3 传感器特性线及标准值

50Hz 和 150Hz 之间的按脉冲宽度调制的信号频率对应 0% 和 100% 之间的乙醇含量，精度为 ±5%。170Hz 和 190Hz 之间的频率用于反馈乙醇传感器故障。温度同样以按脉冲宽度调制的信号传递。其中，1ms 对应 -40℃，5ms 对应 125℃。传感器特性曲线如图 2-53 所示。

乙醇传感器具有的标准值见表 2-12。

表 2-12 乙醇传感器的标准值

参数	值
供电电压	9～18V
最大燃油压力	15mA
燃油温度	-40～130℃
温度范围	-40～125℃

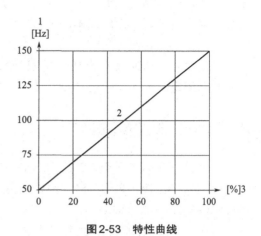

图 2-53 特性曲线

1—按脉冲宽度调制的信号频率；
2—乙醇含量特性线；3—百分比

乙醇传感器失灵时，预计将出现以下情况：在发动机控制单元记录故障代码；以替代值紧急运行。

2.15 机油油位传感器

2.15.1 传感器功能与原理

在大多数发动机中油位传感器取代了机油状态传感器。油位传感器测量的参数：油位。在不同装置的发动机上检测：机油温度。发动机控制系统分析这些测量参数。

测量方法基于超声波探测。

油位传感器固定在油底壳上，可从下部拆装。在带有油位传感器的车辆上不再使用油尺。为这些发动机设计了电子油位检查。传感器外观如图 2-54 所示。

油位传感器由一个电子分析装置和一个量管组成。

电子分析装置发射超声波脉冲。这些超声波脉冲在机油与空气的分界处反射（回声脉冲）。电子分析装置接收并放大这些回声脉冲。接着这些被放大过的回声脉冲被转换成一种数字信号。

声波返回的距离决定了回声延时的长短。电

图 2-54 机油油位传感器

1—量管；2—油位传感器；3—3 芯插头连接

子分析装置根据回声延时计算油位。机油变化（如老化或异物进入机油中）以及机油温度会影响信号延迟，因此在油位传感器内进行补偿。

这些信号按脉冲宽度调制方式发送给发动机控制系统。

2.15.2 传感器电路连接

油位传感器通过一个3芯插头连接与发动机控制系统连接，见图2-55。油位传感器由总线端Kl.15和总线端Kl.31供电。

用于测量的电子装置包含在电子单元内，采用超声波探测技术工作。

油位传感器具有的标准值见表2-13。

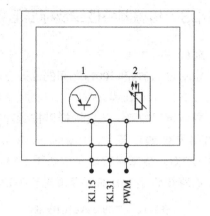

图2-55　油位传感器电路

1—带有电子分析系统的电子芯片；2—温度传感器

脚位说明：Kl.15——总线端Kl.15；Kl.31——总线端Kl.31；PWM——脉冲宽度调制信号。

表2-13　油位传感器的标准值

参数	值	参数	值
电压范围	9～16V	测量精度	±2mm
油位测量范围（取决于机动化装置）	18～147mm	温度范围	-40～160℃

油位传感器失灵时，预计会出现以下情况：在发动机控制单元记录故障代码；作为替代，在发动机控制系统中计算机油保养范围。故障记录油位低于最小值表示油位过低，不表示油位传感器损坏。

2.15.3 传感器故障案例

 故障现象

保时捷Panamera起动机可以转动，但发动机无法启动。

诊断过程

① 故障码为"P0341凸轮轴传感器1""P0346凸轮轴传感器2""P250D机油油位传感器故障"。

② 检查进排气凸轮轴的转动情况都很正常，排除前部凸轮轴调整器螺丝断裂的可能。

③ 检查凸轮轴位置传感器的供电电压为零，标准为12V。

④ 按电路图检查发现左侧熔丝盒内F29号熔丝烧断，更换后还会烧断，该熔丝为左、右进气凸轮轴位置传感器及机油油位传感器提供12V的电压。

⑤ 如果断开油位传感器的插头，就不会出现烧熔丝的情况，发动机也可以顺利启动，因此可以断定机油油位传感器内部短路，造成凸轮轴位置传感器的供电熔丝烧断，使发

动机无法启动。

 解决方案

更换机油油位传感器。

2.16 机油状态传感器

2.16.1 传感器功能与原理

图2-56 机油状态传感器结构

1—用于测定液位的量管；2—温度传感器；3—3芯插头连接

机油状态传感器扩展了温度油位传感器的功能。机油状态传感器测量下列参数：机油温度、油位、电介质的电导率。发动机控制系统分析这些测量参数。此外用机油状态传感器还可以确定发动机机油的电性能。这些特性随着发动机磨损以及发动机机油变化（如老化、混入杂质）而变化。

机油状态传感器固定在油底壳上，可从下部拆装。在所有新型发动机系列上都不再存在油尺（柴油发动机除外）。规定对所有发动机进行电子油位检查。

机油状态传感器由2个圆柱形电容器组成。2个电容器上下重叠布置。2根金属管交错插接，用作电极。位于电极之间的发动机机油用作电介质。传感器外观如图2-56所示。

位于电场中的不导电物质被称为电介质。电场穿过绝缘体。电容率也被称作电导率。电容率说明物质的电场穿透性。

温度传感器位于机油状态传感器的壳体上。在机油状态传感器的壳体中有一个电子分析装置。此电子分析装置具有自诊断功能。机油状态传感器的故障被输入发动机控制系统的故障代码存储器中。

发动机油的电特性随着发动机油的损耗和老化而改变。由于发动机油（电介质）的电特性变化，电容器的容量也发生变化。

电子分析装置把测得的电容量转换成一个数字信号，然后将这个数字传感器信号发送到发动机控制系统。发动机控制单元将此信号用于内部计算（如计算发动机机油中的冷凝水量）。

通过测量油位来进行电子油位检查。机油状态传感器上部分中的第2个电容器在发动机运转时探测油位。该电容器处于油底壳中的油位高度上，因此随着油位的变化，电容器的电容也发生改变。电子分析装置由此生成一个数字信号。发动机控制系统由此计算出机油油位。中央信息显示器（CID）以及组合仪表显示电子油位检查结果。在不带CID的车辆上，只在组合仪表上显示油位。

2.16.2 传感器电路连接

机油状态传感器通过一个串行数据接口连接在发动机控制系统上。测量系统已完全集成在电子模块中,并通过测量容量进行工作。供电取决于发动机型号(如通过总线端Kl.87、总线端Kl.15或总线端Kl.15N)。

图2-57作为示例显示通过线端Kl.87供电。

2.16.3 传感器测量方法及标准值

传感器测量原理如图2-58所示。

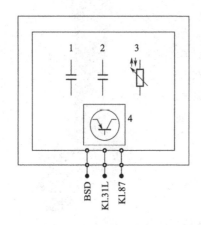

图2-57 机油状态传感器电路
1—电容器1;2—电容器2;3—温度传感器;
4—带有电子分析系统的电子芯片

脚位说明:BSD——串行数据接口;Kl.31L——负荷接地;Kl.87——接通点火开关的蓄电池电压。

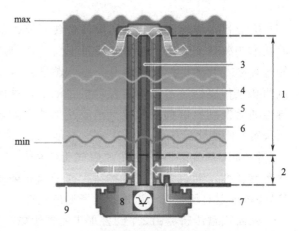

图2-58 机油状态传感器结构
1—油位测量范围;2—电容率测量范围;
3—内部电容器;4—电介质(发动机机油);
5—外部电容器;6—壳体;7—温度传感器;
8—电子分析装置;9—油底壳

机油状态传感器具有的标准值见表2-14。

表2-14 机油状态传感器的标准值

参数	值	参数	值
电压范围	9～16V	机油的允许电导率	0.02mS
油位测量范围	0～75mm	温度范围	-40～160℃
电容率测量范围	1～6		

2.16.4 传感器故障诊断

机油状态传感器失灵时,预计将出现以下情况:在发动机控制单元记录故障代码;作为替代,在发动机控制系统中计算发动机机油保养范围。

由于短途行驶而在曲轴箱中积累的冷凝水可能影响电容率。由于发动机机油与混入的冷凝水发生混合，因此水也会积聚在机油状态传感器周围。如果曲轴箱内的水过多，则有时可能导致错误的油位显示或引发警告，要求添加机油。通过在诊断系统上进行故障症状选择，可以处理这个错误的油位警告，同时还可以评价机油的电容率。然而不能直接显示电容率。电容率此外还与机油黏度或寿命有关，因此，质量评估不是在任何情况下都有保证。

2.17 水箱检测传感器

2.17.1 传感器功能原理

水箱的催化涂层可将空气流量中所存在的臭氧还原为氧气。

带催化涂层的水箱的性能表现必须由水箱检测传感器通过车载诊断系统进行监控。水箱检测传感器明确识别到催化涂层水箱能够将臭氧（O_3）转换为氧气（O_2）。水箱检测传感器可防止催化涂层水箱被拆下然后用无涂层的水箱替代。水箱检测传感器的定位件是焊接在水箱内的铝制定位件。水箱检测传感器通过两个卡钩嵌入定位件中。此外，传感器线脚上的NTC装置粘贴在定位件的孔内。

检查时，通过LIN总线在数字式发动机电子伺控系统（DME）和水箱检测传感器之间进行不同代码的交换，以进行查询和应答。同时，水箱检测传感器必须通过一个规定的运算法则生成合适的代码以应答查询。

此外，水箱检测传感器还将测量冷却液温度，并将信号通过LIN总线传递至DME。利用该信号，可核实水箱检测传感器的确安装在水箱内。水箱传感器外观如图2-59所示。

2.17.2 传感器电路连接

水箱检测传感器由一个温度传感器（NTC）和一个电子分析装置组成，见图2-60。

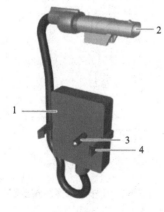

图2-59 水箱检测传感器

1—水箱检测传感器；2—3芯插头连接；3—温度传感器；4—卡钩

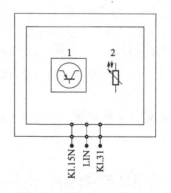

图2-60 水箱传感器电路

1—电子分析装置；2—温度传感器

脚位说明：Kl.15N——总线端Kl.15空转，供电电压；LIN——LIN总线；Kl.31——总线端Kl.31。

水箱检测传感器通过一根3芯插头连接与DME连接。

水箱检测传感器经过前部配电器,利用总线端Kl.15N进行供电。

2.17.3 传感器检测标准值

水箱检测传感器具有的标准值见表2-15。

表2-15 水箱检测传感器的标准值

项目	数值	项目	数值
电压范围	6～16V	响应时间	1s
最大电流消耗	15mA	温度范围	−40～125℃

部件失灵时,可能出现以下情况:数字式发动机电子伺控系统(DME)中有故障记录;排放警示灯亮起。

2.18 水箱出口温度传感器

2.18.1 传感器功能与原理

温度传感器卡止在水箱出口处的冷却液管内,见图2-61。

温度传感器将水箱后的冷却液温度转换为一个电气参数(电阻)。对此使用一个具有负温度系数(NTC)的电阻。冷却液温度还是用于计算下列物理量的测量值:喷射量和怠速标准转速。

进行温度记录时,使用的是与温度有关的电阻器。该电路包括一个分压器,可对其测量与温度有关的电阻值。通过一条传感器特有的特性线将电阻值转换成温度值。温度传感器中安装有一个热敏电阻(NTC),其电阻值随温度的上升而下降。

此电阻值根据温度在167kΩ至150Ω的范围内变化,对应于−40℃至130℃的温度。

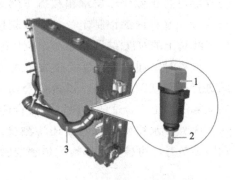

图2-61 水箱出口温度传感器位置

1—2芯插头连接;2—水箱出口温度传感器;
3—水箱出口冷却液管

2.18.2 传感器电路连接

温度传感器通过一个2芯插头连接进行连接,见图2-62。此电阻是一个由发动机控制单元提供5V供电的分压器电路的部件。

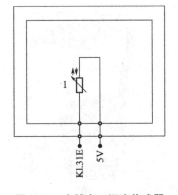

图2-62 水箱出口温度传感器

1—热敏电阻

脚位说明:Kl.31E——总线端Kl.31,电子接地线;5V——5V供电电压。

2.18.3 传感器特性线及标准值

电阻上的电压与冷却液温度有关。在发动机控制单元中存储了一个表格,此表格说明了每个电压值的对应温度。借此可补偿电压和温度之间的非线性关系。传感器特性曲线如图2-63所示。

水箱出口温度传感器具有的标准值见表2-16。

表2-16 水箱出口温度传感器的标准值

项目	数值
25℃时的额定电阻	(2252±1.5%)Ω
电流消耗	1mA
响应时间	15s
温度分辨率	±1℃
最大输出电流	20mA
温度范围	-40～150℃

水箱出口温度传感器失灵后,预计将出现下列情况:在发动机控制单元记录故障代码;以替代值紧急运行。

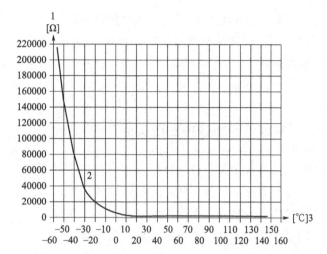

图2-63 水箱出口温度传感器特性曲线

1—电压;2—热导体(NTC)特性线;3—温度

2.19 高压泵位置传感器

2.19.1 传感器功能与原理

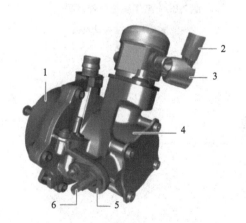

图2-64 高压泵位置传感器

1—真空泵;2—2芯插头连接;3—量控阀;
4—高压泵;5—位置传感器;6—3芯插头连接

燃油喷射高压泵通过机械式真空泵的加长驱动装置驱动。真空泵由曲轴通过正时链驱动。

通过一个位置传感器监控新一代高压泵。在这里探测曲轴转速。

高压泵位置传感器固定在真空泵壳体上,见图2-64。

位置传感器借助一个旋接在真空泵驱动装置上的信号齿轮探测高压泵的位置。发动机控制系统由此计算出泵轮转速。采集的转速信号用于对高压泵的喷射量进行调节。

高压泵位置传感器的工作原理与凸轮轴传感器相同。

传送到DME的传感器输出信号是一个矩形

波信号。这时一个高电平对应于一个间隙，一个低电平对应于一个齿。

2.19.2 传感器电路连接

高压泵位置传感器设计成非接触式霍尔传感器。信号齿轮有6个不同的齿面距离。齿面距离由霍尔传感器进行记录。内部结构和电路连接如图2-65所示。

2.19.3 传感器特性线及标准值

发动机控制器读入传感器信号并将信号与保存的样本进行比较。通过比较传感器信号和样本，可以识别出凸轮轴的正确位置或偏差。如图2-66所示为位置传感器信号读取示例。

位置传感器具有的标准值见表2-17。

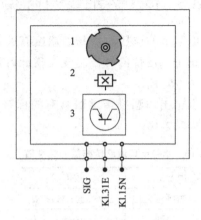

图2-65 高压泵位置传感器电路
1—位置传感器信号齿轮；
2—霍尔传感器；
3—电子分析装置

脚位说明：Kl.15N——总线端Kl.15N，供电；
Kl.31E——总线端Kl.31，接地；SIG——信号线。

表2-17 位置传感器的标准值

参数	值
电压范围	6～16V
转速范围	8000r/min 以下
空气间隙范围	0.1～1.8mm
最大输出电流	20mA
车外温度	-40～160℃

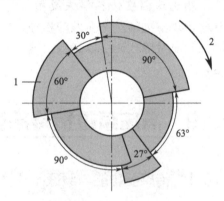

图2-66 高压泵位置传感器
1—位置传感器信号齿轮；
2—旋转方向

位置传感器失灵时，预计将出现以下情况：在发动机控制单元记录故障代码；以替代值紧急运行。

2.20 文丘里喷嘴压力传感器

2.20.1 传感器功能与原理

通过吸管内的真空生成吹洗空气流动。为了在增压过程中也可以吹洗，通过文丘里喷嘴生成真空。文丘里喷嘴通过在增压空气冷却器后方获取并在压缩机前方又被引入的空气流量驱动。

燃油箱排气管内的文丘里喷嘴压力传感器用于诊断燃油箱排气系统的第二引入点。燃油箱排气阀内的单向阀用于分别仅通过其中一个第二引入点进行吹洗。

采用应变仪进行压力测量。施加压力时，传感器中装有应变仪的金属膜会发生变形。应变仪的电阻变化将通过一个测量电桥，以电子方式进行记录并分析。然后，所测得的电压将作为实际值输入燃油箱排气诊断系统中。

文丘里喷嘴压力传感器是压差传感器，其外观如图2-67所示。

图2-67 喷嘴压力传感器

1—文丘里喷嘴压力传感器；
2—3芯插头连接

2.20.2 传感器电路连接

文丘里喷嘴压力传感器通过3芯插头连接来进行连接，见图2-68。文丘里喷嘴压力传感器由发动机控制单元提供5V电压。

2.20.3 传感器特性线及标准值

压力传感器信息通过信号线传送到发动机控制系统。可分析的真空度信号根据压力变化发生波动。测量范围为0.5～4.5V，对应于−80～5kPa（−0.8～0.05bar）的真空。传感器特性曲线如图2-69所示。

文丘里喷嘴压力传感器具有的标准值见表2-18。

表2-18 文丘里喷嘴压力传感器的标准值

参数	值
文丘里喷嘴压力传感器电压范围	0.5～4.5V
文丘里喷嘴压力传感器测量范围	−0.8～0.05bar
最大输出电流	10mA
温度范围	−40～130℃

文丘里喷嘴压力传感器失灵时，预计将出现以下状况：在发动机控制单元记录故障代码；排放警示灯亮起。

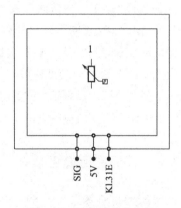

图2-68 传感器电路连接

1—文丘里喷嘴压力传感器

线脚布置：SIG——文丘里喷嘴压力传感器信号；5V——5V供电电压；Kl.31E——总线端Kl.31，电子接地线。

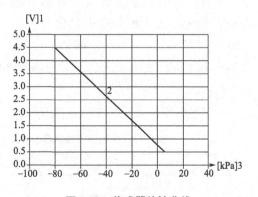

图2-69 传感器特性曲线

1—电压；
2—热导体（NTC）特性线；
3—压力

2.21 油轨压力传感器

2.21.1 传感器功能与原理

油轨压力传感器旋入燃油分配器（油轨）的末端中，见图2-70。

此传感器向发动机控制单元提供高压泵后的燃油压力值。

油轨压力传感器用于油轨压力控制。油轨压力传感器的信号是发动机控制单元的一个重要输入信号，用于控制量控阀/流量调节阀以及油轨压力调节阀（如果装有）。量控阀/流量调节阀是高压泵的一个部件。

采用应变仪进行压力测量。施加压力时，传感器中装有应变仪的金属膜会发生变形。应变仪的电阻变化将通过一个测量电桥，以电子方式进行记录并分析。然后，测得的电压作为实际值输入到油轨压力控制系统中。

图2-70 压力传感器位置

1—3芯插头连接；
2—油轨压力传感器；
3—油轨压力调节阀（如果装有）；
4—燃油分配器（轨道）

2.21.2 传感器电路连接

油轨压力传感器通过一个3芯插头连接进行连接，见图2-71。该传感器由发动机控制系统提供5V的电压。

2.21.3 传感器特性线及标准值

油轨压力的信息通过一条信号线传输到发动机控制系统。油轨压力的有效信号根据压力变化而波动。测量范围为0.5～4.5V，对应于0～180MPa（0～1800bar）的油轨压力。传感器特性曲线如图2-72所示。

油轨压力传感器具有的标准值见表2-19。

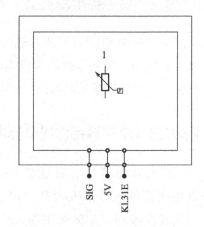

图2-71 传感器电路连接

1—油轨压力传感器

线脚布置：SIG——油轨压力信号；5V——5V供电电压；Kl.31E——总线端Kl.31，电子接地线。

表2-19 油轨压力传感器的标准值

参数	值
供电电压	4.75～5.25V
油轨压力传感器电压范围	0.5～4.5V
油轨压力测量范围	0～1800bar
最大输出电流	15mA
温度范围	-40～130℃

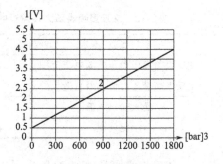

图2-72 传感器特性曲线

1—电压；2—油轨压力特性线；
3—压力

油轨压力传感器失灵时,预计将出现以下情况:在发动机控制单元中记录故障代码;以替代值紧急运行。

2.21.4 传感器故障案例

故障现象

2010款保时捷Carrera S启动时间长,发动机运转不平稳。

诊断过程

① 读取故障码为"0192燃油高压传感器故障",读取实际值发现实际燃油压力为"0"并且多个缸失火,5号缸最为严重。
② 首先检查低压端的燃油压力为5bar,保持压力为4.4bar。
③ 检查缸压未发现异常,更换高压泵后故障依然存在。
④ 检查燃油压力传感器到发动机控制模块之间的线路未发现异常。
⑤ 更换燃油压力传感器后故障排除。

故障排除

更换燃油压力传感器。

2.22 二次空气系统压力传感器

2.22.1 传感器功能与原理

压力传感器在二次空气系统上安装在二次空气泵和二次空气阀之间。此压力传感器测量二次空气管路和环境之间的压差。于是就能够对二次空气系统进行诊断。传感器外观如图2-73所示。

采用应变仪进行压力测量。施加压力时,传感器中装有应变仪的金属膜会发生变形。应变仪的电阻变化将通过一个测量电桥,以电子方式进行记录并分析。测得的电压作为实际值输出到发动机控制单元。

2.22.2 传感器电路连接

压力传感器通过一个3芯插头连接进行连接,见图2-74。该传感器由发动机控制系统提供5V的电压。

图2-73 空气系统压力传感器

1—压力传感器;2—3芯插头连接;
3—二次空气系统的接口

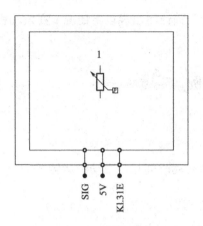

图2-74 传感器电路原理

1—二次空气系统压力传感器

脚位说明：SIG——压力传感器信号；5V——5V供电电压；Kl.31E——总线端Kl.31，电子接地线。

2.22.3 特性曲线与标准值

压力传感器特性曲线如图2-75所示。

二次空气系统压力传感器具有的标准值见表2-20。

表2-20 二次空气系统压力传感器的标准值

项目	数值
供电	4.5～5.5V
信号电压	0.5～4.5V
油轨压力测量范围	−0.5～4bar
最大输出电流	10mA
温度范围	−40～130℃

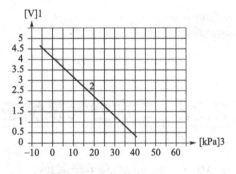

图2-75 特性曲线图

1—电压；2—压力传感器特性线；3—压力

在二次空气系统压力传感器失灵时，预计将出现以下情况：在发动机控制单元中记录故障代码；组合仪表中的排放警示灯亮起。

2.23 增压空气温度传感器

2.23.1 传感器功能与原理

增压空气温度传感器安装在增压空气冷却器和节气门之间的增压空气管上，见图2-76。

增压空气温度传感器感测由涡轮增压器压缩并由增压空气冷却器冷却的新鲜空气的温度。

进行温度记录时，使用的是与温度有关的电阻器。该电路包括一个分压器，可对其测量与温度有关的电阻值。通过一条传感器特有的特性线将电阻值转换成温度值。在增压空气温度传感器中安装有一个热敏电阻（NTC），其电阻值随温度的上升而下降。此电阻值根据温度在76kΩ至88Ω的范围内变化，对应于-40℃至120℃的温度。

2.23.2 传感器电路连接

增压空气温度传感器通过一个2芯插头连接进行连接，见图2-77。传感器由发动机控制单元提供接地电压。

2.23.3 传感器特性线及标准值

通过一条信号线向发动机控制单元传递增压空气温度信息。空气质量的替代计算会涉及增压空气温度，从而核实热膜式空气质量测量仪的数值。热膜式空气质量计失灵时，替代值用于燃油量和废气再循环率的计算。传感器特性曲线如图2-78所示。

增压空气温度传感器具有的标准值见表2-21。

表2-21 增压空气温度传感器的标准值

参数	值
增压空气温度传感器电压范围	0.3～3.3V
响应时间	小于25s
进气温度分辨率	±1℃
最大电流消耗	10mA
温度范围	-40～120℃

增压空气温度传感器失灵时，预计将出现以下情况：在发动机控制单元记录故障代码；中断增压压力调节；中断废气再循环；限制喷油量（限制扭矩）。

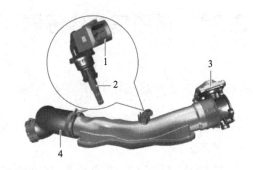

图2-76 增压空气温度传感器（N57发动机）
1—2芯插头连接；2—增压空气温度传感器；
3—电动节气门调节器；
4—增压空气管

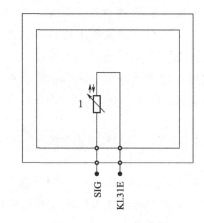

图2-77 增压空气传感器
1—增压空气温度传感器

脚位说明：SIG——增压空气温度信号；
Kl.31E——总线端Kl.31，电子接地线。

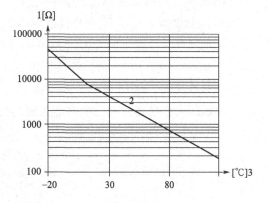

图2-78 传感器特性曲线
1—电阻；
2—热导体（NTC）特性线；
3—温度

2.24 增压压力传感器

2.24.1 传感器功能与原理

增压压力传感器用螺栓连接在进气集气箱上，见图2-79。

该传感器向数字式柴油机电子伺控系统（DDE）发送增压空气绝对压力（增压压力和环境压力之和）。增压压力传感器用于增压压力调节。

采用应变仪进行压力测量。施加压力时，传感器中装有应变仪的金属膜会发生变形。应变仪的电阻变化将通过一个测量电桥，以电子方式进行记录并分析。然后，所测得的电压将作为实际值输入到增压压力调节装置中。

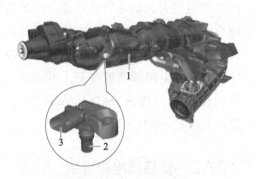

图2-79 增压压力传感器

1—进气集气箱；2—增压压力传感器；
3—3芯插头连接

2.24.2 传感器电路连接

增压压力传感器通过一个3芯插头连接进行连接，见图2-80。发动机控制系统为传感器提供5V电压和接地。

2.24.3 传感器特性线及标准值

增压压力的信息将通过一条信号线传输给发动机控制装置。增压压力的有效信号根据压力变化而波动。测量范围为0.1～0.9V，对应于50～330kPa（0.5～3.3bar）的增压压力。传感器特性曲线见图2-81。

增压压力传感器具有的标准值见表2-22。

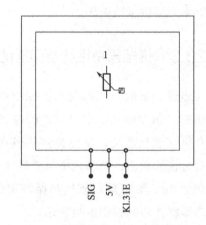

图2-80 增压压力传感器电路图

1—增压压力传感器

脚位说明：SIG——增压压力信号；5V——5V供电电压；Kl.31E——总线端Kl.31，电子接地线。

表2-22 增压压力传感器的标准值

参数	值
供电电压	4.75～5.25V
增压压力测量范围	0.5～3.3bar
传感器电压	0.1～0.9V
最大输出电流	10mA
温度范围	−40～130℃

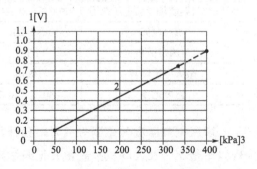

图2-81 传感器特性曲线

1—电压；2—增压压力特性线；3—压力

在增压空气传感器失效时,预计将出现以下情况:在发动机控制单元记录故障代码;中断增压压力调节;中断废气再循环。

2.24.4 传感器故障案例

故障现象

保时捷卡宴3.0T车型发动机无法启动。

诊断过程

① 读取故障代码,发现DME中有较多的传感器和执行器的故障,清除后一直存在的故障码为P065200、P10A600、P10A400,无法清除,见图2-82。

DME V6 TFSI 欧 4 AT	P164C00		机油压力开关,机油压力降低,信号不可靠
	P150A00		点火开关关闭时间信号不可靠
	P065200		传感器电源2:接地短路
	P10A600		电位计,进气控制活门,信号低于极限值
	P10A700		控制活门自适应,进气脏污
	P10A400		进气控制活门,机械故障
	P305000		起动机继电器2卡在关闭位置
	P034100		凸轮轴位置,信号不可靠

图2-82 故障码列表

② 检查进气控制活门,机械部分正常;检查进气控制活门的传感器电源A1脚发现电压只有1.2V左右,正常的车辆应为5V。

③ 查找电路图,DME提供5V电源的有A35、A14、B58、B80、B63;其中B63给进气控制活门两个进气管的活门阀传感器和两个增压力传感器供电;测量发现进气活门传感器的电源线电阻对地短路,A35、A14、B58、B80所供电的传感器电源同样都是处于短路状态,但拔下DME插头后测量只有B63一路的传感器短路。

④ 在测量电阻的同时一个一个地拔下这一路的传感器,发现拔下右侧的增压压力传感器后电阻和电压都能恢复正常。该传感器的插头和传感器插座上有一些油污。判断故障是由于传感器内部密封不良造成的短路。

解决方案:更换增压压力传感器。

2.25 进气温度/增压压力传感器

2.25.1 传感器功能原理

进气温度/增压压力传感器固定在增压空气管上。这一组合式传感器向发动机控制单元提供以下信息：增压空气温度、增压压力。传感器外观如图2-83所示。

增压压力传感器用于增压压力调节。利用进气压力传感器的信号，发动机控制单元还将对节气门的位置进行补偿。

增压压力传感器采用应变仪进行压力测量。施加压力时，传感器中装有应变仪的金属膜会发生变形。应变仪的电阻变化将通过一个测量电桥，以电子方式进行记录并分析。然后，所测得的电压将作为实际值输入到增压压力调节装置中。

进气温度传感器在进行温度记录时，使用的是与温度有关的电阻器。该电路包括一个分压器，可对其测量与温度有关的电阻值。通过一条传感器特有的特性线将电阻值转换成温度值。在进气温度传感器中安装有一个热导体（NTC），其电阻值随温度的上升而下降。此电阻值根据温度在167kΩ至150Ω的范围内变化，对应于-40℃至130℃的温度。

图2-83 进气温度与增压压力传感器

1—进气温度/增压压力传感器；
2—4芯插头连接

2.25.2 传感器电路连接

进气温度/增压压力传感器通过一个4芯插头连接进行连接，见图2-84。该传感器由发动机控制系统提供5V的电压。

2.25.3 传感器特性线及标准值

增压压力的信息将通过一条信号线传输给发动机控制装置。增压压力的有效信号根据压力变化而波动。测量范围为0.5～4.5V，对应于20～250kPa（0.2～2.5bar）的增压压力。传感器特性曲线如图2-85所示。

进气温度传感器的电阻随着温度在167kΩ至150Ω的范围内变化，对应于-40℃至130℃的温度。

进气温度/增压压力传感器具有的标准值见表2-23。

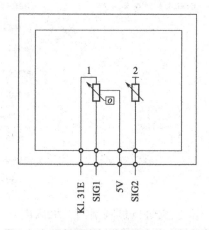

图2-84 进气温度与增压压力传感器电路

1—增压压力传感器；
2—进气温度传感器

脚位说明：Kl.31E——总线端Kl.31，电子接地线；SIG1——增压压力信号；5V——5V供电电压；SIG2——增压压力信号。

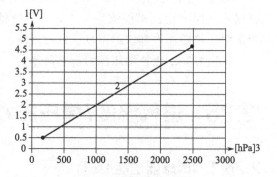

图2-85 传感器特性曲线

1—电压；2—增压压力特性线；3—压力

表 2-23 进气温度/增压压力传感器的标准值

项目	数值	项目	数值
增压压力传感器电压范围	0.5～4.5V	最大输出电流	10mA
增压压力测量范围	0.2～2.5bar	温度范围	-40～130℃
进气温度传感器的分辨率	±1℃		

在增压空气传感器失效时，预计将出现以下情况：在发动机控制单元中记录故障代码；以替代值紧急运行。

2.26 空燃比传感器和加热型氧传感器

2.26.1 传感器结构

空燃比传感器和加热型氧传感器的基本结构相同。但根据其所采用的加热器结构类型的不同，可分为杯型和平面型两种。传感器结构见图2-86。

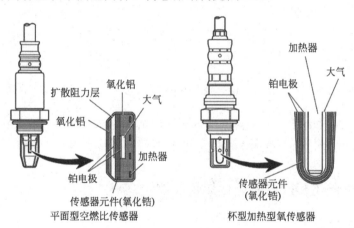

图2-86 传感器结构

杯型加热型氧传感器包括围绕加热器的传感器元件。

平面型空燃比传感器采用具有良好导热性能和绝缘性能的氧化铝，使传感器元件与加热器集成于一体，从而实现了良好的传感器预热性能。预热时间，平面型约10s，杯型约30s。

2.26.2 传感器特性

空燃比传感器和加热型氧传感器在输出特性上有所不同，电路连接见图2-87，特性曲线见图2-88。

将约0.4V的电压恒定施加到空燃比传感器上，其输出电流根据废气排放中氧浓度的变化而变化。ECM将输出电流的变化转换为电压以线性检测当前空燃比，用IT-Ⅱ读取空燃比传感器数据。

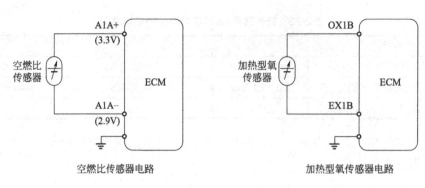

图 2-87 传感器连接电路

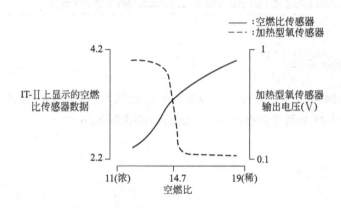

图 2-88 传感器特性曲线

加热型氧传感器的输出电压根据废气排放中氧浓度的变化而变化。ECM 利用此输出电压来判定当前空燃比浓于或稀于理论空燃比。

2.26.3 废气催化转换器前、后氧传感器

（1）前氧传感器

废气催化转换器前的氧传感器是一个宽带氧传感器（调控用传感器）。此宽带氧传感器不断测量废气中的残余氧含量。残余氧含量的摆动值作为电压信号继续传送给发动机控制单元。发动机控制系统通过喷射修正混合气成分。

改进研发的宽带氧传感器 LSU ADV（Bosch）是新产品。LSU 是"通用氧传感器"的英文缩写，而 ADV 则代表"高级"。

宽带氧传感器的传感机构由二氧化锆陶瓷层（层压板）组成。层压板中插入的加热元件确保快速加热到至少 760℃ 的必要工作温度。宽带氧传感器具有两个元件，一个所谓的测量元件和一个参考元件。这两个元件上涂有铂电极。传感器安装位置见图 2-89。

图 2-89 前氧传感器位置

1—宽带氧传感器；2—壳体；
3—6芯插头连接（5芯被使用）

通过宽带氧传感器可以无级测量0.65～2.5之间的空燃比（稳定的特性线）。

为了实现完全而完美的燃烧，需要的空燃比为1kg燃油和约14.7kg空气的比值。实际输送的空气质量与化学计算的空气质量之间的比称为空气过量系数。在车辆正常运行时空气过量系数会摆动。发动机在空气不足（空气过量系数约0.9=浓混合气）时具有最佳功率。发动机在空气过量（空气过量系数约1.1=稀混合气）时油耗最低。当混合气在空气过量系数=1的范围内时，废气催化转换器可最佳地减少有害物质的排放。转换率（即表示已转换的有害物质部分的值）在先进的废气催化转换器上达98%至100%。油气混合气的最佳成分由发动机控制单元调节。氧传感器这时提供关于废气成分的基本信息。

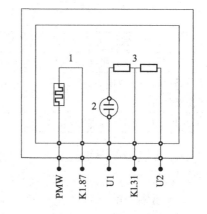

图2-90　氧传感器电路

1—氧传感器加热装置；2—参考元件（Nernst元件）；3—测量元件（Nernst和泵元件）

线脚布置：PWM——氧传感器加热装置按脉冲宽度调制的控制；Kl.87——蓄电池电压总线端15接通；U1——参考元件电压；Kl.31——虚拟接地；U2——泵室电压。

在泵元件上施加一个电压。于是很多氧气被抽送到测量元件中，直到测量元件的电极之间出现一个450mV的电压为止。通过产生泵电流来确定空燃比的测量值。空燃比控制凭此在气缸燃烧室内建立理想的空燃比。电路连接如图2-90所示。

新氧传感器的特点是自空气过量系数=0.65起扩大测量范围。新的调控用传感器的其他优点是较高的温度耐受性，响应时间缩短到30ms以下，以及较高的信号精确度。传感器特性曲线如图2-91所示。

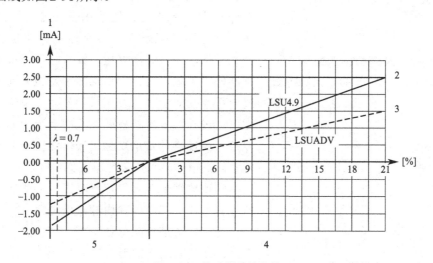

图2-91　传感器特性曲线

1—泵电流；2—氧传感器LSU 4.9特性线；3—氧传感器LSU ADV的特性线；4—氧气浓度（稀混合气）；5—氧气浓度（浓混合气）

宽带氧传感器具有的标准值见表2-24。

表2-24　宽带氧传感器的标准值

参数	值	参数	值
氧传感器加热装置电压范围	10.7～16.5V	工作温度	760℃
氧传感器加热装置加热阶段的电压	1.8～2V	20℃时的加热电阻	2.0～3.2Ω
氧传感器加热装置不超过5s的电压	12V	最大空气泵电流	1.5mA
氧传感器加热装置不超过6.5s的电压	9V		

在宽带氧传感器失灵时，预计将出现以下情况：在发动机控制单元记录故障代码；用调校值或用替代值紧急运行；组合仪表中排放警示灯亮起。

自诊断系统的下列监控功能可以检查发动机和排放系统的工作状态：氧传感器调校值；空燃比调校（混合气调校）用于补偿影响混合气的部件公差和老化效应。废气催化转换器诊断检查废气催化转换器的氧气存储能力。氧气存储能力是废气催化转换器转换能力的一个平衡量指标。

（2）后氧传感器

具有跳跃式特性线的监控用传感器是博世公司的LSF 4.2型切换式传感器。该监控用传感器在废气催化转换器后面，用于废气催化转换器诊断。监控用传感器识别空气过量系数=1的可靠偏差，但不能确定混合气浓度偏差的大小。

前氧传感器不断测量废气中的残余氧含量。残余氧含量的摆动值被作为电流信号转发到发动机控制单元。DME通过喷射修正混合气成分。

在废气催化转换器后安装有第二个氧传感器（监控用传感器）。废气催化转换器具有较高的氧气存储能力，因此在废气催化转换器后只有少量氧气。监控用传感器输出几乎恒定的（经平缓处理的）电压。随着不断老化，废气催化转换器的氧气存储能力下降。监控用传感器于是越来越频繁地通过电压波动对空气过量系数偏差作出反应。这种特性可通过一项专用的诊断功能用于废气催化转换器监控。通过排放警示灯显示废气催化转换器的功能异常。后氧传感器安装位置见图2-92。

图2-92　传感器安装位置

1—氧传感器；2—壳体；3—4芯插头连接器

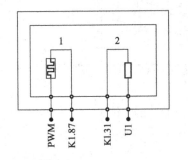

图2-93　传感器电路

1—氧传感器加热装置；2—测量元件

脚位说明：PWM——氧传感器加热装置按脉冲宽度调制的控制；Kl.87——蓄电池电压，总线端15接通；Kl.31——测量元件的接地；U1——测量元件上的电压。

即使在用浓混合气运行时废气中依然含有残余氧含量，在外部电极和内部电极之间会出现一个电压。为了使基准参数保持不变，参考空气道与大气保持连接。基准参数因而就是大气的氧含量。

保护层可防止由于废气中的残留物而可能在外部电极上造成的损坏。二氧化锆（ZrO_2）陶瓷层自约350℃起可传导氧离子。为了使氧传感器尽快达到运行温度，集成了一个加热元件。后氧传感器电路连接如图2-93所示。

通过一个对应于空气过量系数=1时的混合气成分的残余氧气含量，测量元件上的电压测量显示一个450mV的电压。空气过量系数=1时各种材料的废气成分最理想。后氧传感器特性曲线如图2-94所示。

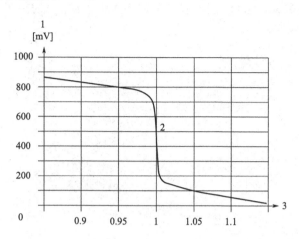

图2-94　传感器特性曲线

1—测量元件上的电压；2—信号曲线；3—空气过量系数

监控用传感器具有的标准值见表2-25。

表2-25　监控用传感器的标准值

参数	值	参数	值
氧传感器加热装置电压范围	10.7～16.5V	20℃时的加热电阻	（9±2）Ω
氧传感器加热装置加热阶段的电压	4V	最大泵电流	2.2～2.6mA
工作温度	350℃		

监控用传感器失灵时会出现下列状况：在发动机控制单元记录故障代码；组合仪表中排放警示灯亮起。

自诊断系统的下列监控功能可以检查发动机和排放系统的状态：氧传感器调校值；空燃比调校（混合气调校）用于补偿影响混合气的部件公差和老化效应。废气催化转换器诊断检查废气催化转换器的氧气存储能力。氧气存储能力是废气催化转换器转换能力的一个平衡量指标。注意保护插头连接防止污染。

监控用传感器需要探头内部的大气。大气经插头连接通过电缆进入内部。因此，必须防止插头连接被蜡或防腐剂等污染。空燃比控制有故障时必须检查宽带氧传感器的插头连接是否被污染。

2.26.4　传感器故障案例

 故障现象

奥迪Q7搭载BAR发动机与09L变速器车型的发动机运转正常，右侧排气管冒黑烟严重。

故障诊断

① 利用5052诊断,"01-发动机电子设备"无故障记录。

② 读取数据块01组3区和4区,发现气缸列1和气缸列2的空燃比控制值相差很大,如图2-95所示。

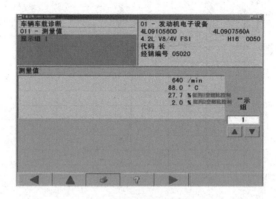

图2-95 数据流

③ 经分析,控制空燃比修正值的因素有氧传感器、水温传感器、进气温度传感器等。由于只有一侧缸列空燃比不对,因此只有可能是气缸列1侧的氧传感器有故障,于是更换缸列1侧的氧传感器。读取数据块正常,试车故障排除。

 故障排除

更换气缸列1侧的氧传感器。

第 3 章
柴油发动机电控系统传感器

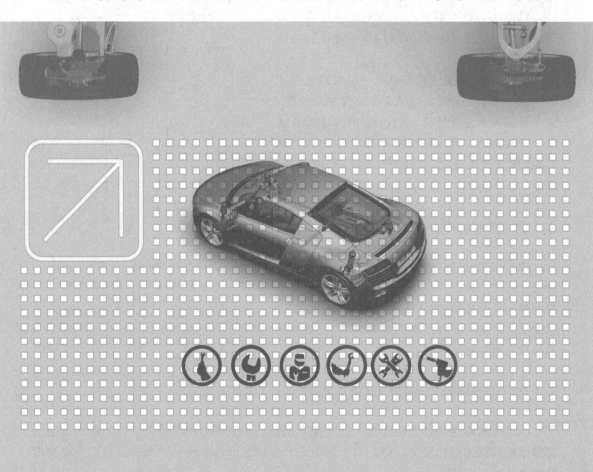

3.1 燃油压力/温度传感器

3.1.1 传感器功能与原理

燃油温度和压力由一个在进油管路中直接安装在高压泵前的组合传感器负责探测，见图3-1。

燃油温度传感器测量高压泵前的燃油温度。燃油压力/温度传感器测量高压泵前燃油低压系统中的压力。数字式柴油机电子装置（DDE）利用燃油压力按需控制电动燃油泵。另外，此传感器还用于发动机过热保护和喷射量计算。

燃油压力传感器向DDE提供一个电压信号。燃油压力传感器中的一个膜片将燃油压力转换成一个行程。这个行程由4个压敏电阻转换成一个电压信号。

燃油压力/温度传感器包含一个与温度有关的电阻，此电阻耸立在燃油中并测量燃油温度。此电阻具有负温度系数（NTC）。电阻值随着温度上升而减小。此电阻值根据温度在75.5kΩ至87.6Ω的范围内变化，对应于-40℃至120℃的温度。

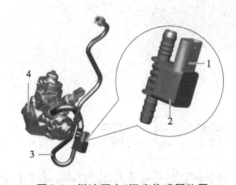

图3-1 燃油压力/温度传感器位置

1—4芯插头连接；2—燃油压力/温度传感器；
3—燃油供油管；4—高压泵

3.1.2 传感器电路连接

燃油压力/温度传感器通过一个4芯插头连接进行连接，见图3-2。燃油压力传感器从DDE控制单元获得接地和5V供电电压。燃油温度传感器的电阻是一个由DDE控制单元提供5V供电的分压电路的部件。

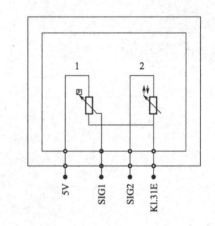

图3-2 燃油压力传感器

1—燃油压力传感器；2—燃油温度传感器

脚位说明：5V——5V供电电压；SIG1——燃油压力传感器信号；SIG2——燃油压力传感器信号；Kl.31E——总线端Kl.31，两个传感器的电子接地线。

3.1.3 传感器特性线及标准值

电阻上的电压与燃油温度有关。在发动机控制单元中存储了一个表格，此表格说明了每个电压值的对应温度。借此可补偿电压和温度之间的非线性关系。燃油温度传感器特性曲线如图3-3所示。

燃油压力传感器特性曲线如图3-4所示。

燃油压力/温度传感器具有的标准值见表3-1。

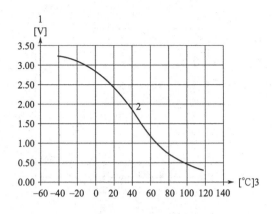
图3-3 燃油温度传感器特性曲线
1—电压；2—燃油温度传感器特性线；3—温度

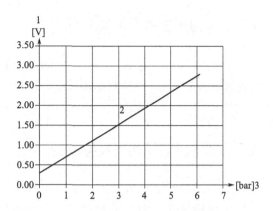
图3-4 燃油压力传感器特性曲线
1—电压；2—燃油压力传感器特性线；3—压力

表3-1 燃油压力/温度传感器的标准值

参数	值	参数	值
供电电压	5V	燃油压力传感器响应时间	5ms
压力测量范围	0～6bar	燃油温度传感器响应时间	小于15s
最大电流消耗	15mA	温度范围	−40～125℃

燃油压力/温度传感器失灵时，预计将出现以下情况：在发动机控制单元记录故障代码；以替代值紧急运行。

3.2 燃油低压传感器

3.2.1 传感器功能与原理

燃油低压传感器用螺栓连接在两个高压泵之间的燃油供油管中，见图3-5。利用燃油低压传感器测量供给管路中的燃油压力。燃油由电动燃油泵按需输送。

燃油低压传感器作用于总电动燃油泵控制系统（EKPS）。由发动机控制系统分析模拟输出信号。

采用应变仪进行压力测量。施加压力时，传感器中装有应变仪的金属膜会发生变形。应变仪的电阻变化将通过一个测量电桥，以电子方式进行记录并分析。然后，测量的电压作为实际值输入到电动燃油泵控制系统。

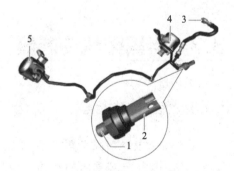
图3-5 燃油低压传感器
1—燃油低压传感器；2—3芯插头连接；
3—燃油供油管；4—气缸5～8的高压泵；
5—气缸1～4的高压泵

3.2.2 传感器电路连接

燃油低压传感器通过一个3芯插头连接进行连接，见图3-6。该传感器由发动机控制系统提供5V的电压。

3.2.3 传感器特性线及标准值

燃油压力的信息将通过一条信号线传输给发动机控制装置。燃油压力的有效信号根据压力变化而波动。测量范围为0.5～4.5V，对应于0.1～1.1MPa（1～11bar）的燃油压力。传感器特性曲线见图3-7。

燃油低压传感器具有的标准值见表3-2。

表3-2 燃油低压传感器的标准值

项目	数值
燃油低压传感器电压范围	0.5～4.5V
燃油压力测量范围	1～11bar
最大输出电流	8mA
温度范围	-40～140℃

燃油低压传感器失灵时，预计将出现下列情况：在发动机控制单元记录故障代码；以替代值紧急运行。一旦点火开关打开，则开始诊断燃油低压传感器，然后每100ms诊断连续运行1次。

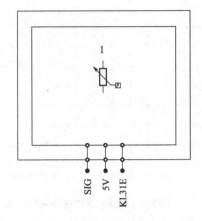

图3-6 燃油低压传感器电路

1—燃油低压传感器

脚位说明：SIG——燃油压力信号；5V——5V供电电压；Kl.31E——总线端Kl.31，电子接地线。

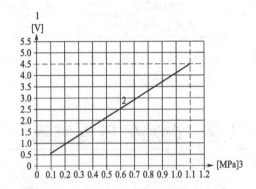

图3-7 传感器特性曲线

1—电压；2—燃油压力特性线；3—压力

3.3 炭黑微粒传感器

3.3.1 传感器功能与原理

安装在SCR废气催化转换器（如宝马F30系列车型）后排气装置内的柴油颗粒传感器可用于诊断柴油微粒过滤器。柴油颗粒传感器的功能以电阻测量为基础。

传感器的安装位置取决于排气装置。柴油颗粒传感器由一个测量用探针和一个电子分析装置组成，见图3-8。

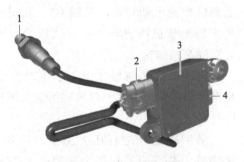

图3-8 炭黑微粒传感器

1—柴油颗粒传感器的测量用探针；
2—5芯插头连接；
3—氮氧化物传感器的电子分析装置；
4—4芯插头连接

沉积的炭烟颗粒构成了电极之间的导电路径，从而有电流流过。这个信号由电子分析装置进行分析。电子分析装置据此确定柴油微粒过滤器的存储微粒功能。

电子分析装置将这些信号转发给数字式柴油机电子伺控系统（DDE）。柴油颗粒传感器的电子分析装置通过局域CAN总线与发动机控制系统通信。

通过加热定期使测量用探针再生。在此烧掉沉积的炭烟颗粒。

3.3.2 传感器电路连接

柴油颗粒传感器由一个测量用探针和一个电子分析装置组成。这两个部件通过电缆彼此相连接且不可分离。电子分析装置连接在局域CAN总线上。前部配电器利用总线端Kl.15N为氮氧化物传感器供电。电路连接如图3-9所示。

柴油颗粒传感器具有的标准值见表3-3。

表3-3 柴油颗粒传感器的标准值

项目	数值
电压范围	9～16.5V
供电电压	12V
温度范围	100～800℃

柴油颗粒传感器失灵时，预计出现以下情况：在发动机控制单元中记录故障代码；发动机控制单元采用相对过量空气系数的替代值（过量空气系数$\lambda=1$）；排放警示灯亮起。

欧洲规格：在欧洲规格中，发动机故障提示为排放警示灯亮起。

美国规格：在美国规格中出现故障显示为"尽快维修引擎"。

排放警示灯集成到组合仪表中作为法定的控制和报警灯。

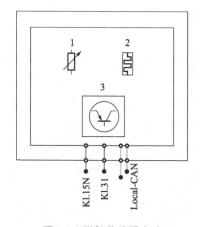

图3-9 微粒传感器电路
1—柴油颗粒传感器测量用探针；
2—加热元件；3—电子分析装置

线脚布置：Kl.15N——总线端Kl.15空转，供电；Kl.31——总线端Kl.31，接地；Local-CAN——局域CAN总线。

3.4 油轨压力传感器

3.4.1 传感器功能与原理

油轨压力传感器旋入燃油分配器（油轨）的末端中，见图3-10。

此传感器向发动机控制系统提供高压泵后的燃油压力。

油轨压力传感器用于油轨压力控制。油轨压

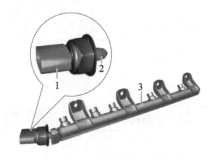

图3-10 传感器安装位置
1—3芯插头连接；2—油轨压力传感器；
3—燃油分配器（轨道）

力传感器的信号是发动机控制系统用来控制量控阀的一个重要输入信号。量控阀是高压泵的一个部件。

采用应变仪进行压力测量。施加压力时，传感器中装有应变仪的金属膜会发生变形。应变仪的电阻变化将通过一个测量电桥，以电子方式进行记录并分析。然后，测得的电压作为实际值输入到油轨压力控制系统中。

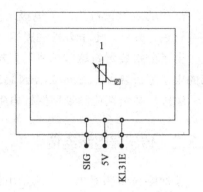

图3-11 油轨压力传感器电路

1—油轨压力传感器

3.4.2 传感器电路连接

油轨压力传感器通过一个3芯插头连接进行连接，见图3-11。该传感器由发动机控制系统提供5V的电压。

线脚布置：SIG——油轨压力信号；5V——5V供电电压；Kl.31E——总线端Kl.31，电子接地线。

3.4.3 传感器特性线及标准值

油轨压力的信息通过一条信号线传输到发动机控制系统。油轨压力的有效信号根据压力变化而波动。测量范围为0.5～4.5V，对应于0～25MPa（0～250bar）的油轨压力。传感器特性曲线如图3-12所示。

油轨压力传感器具有的标准值见表3-4。

油轨压力传感器失灵时，预计将出现以下情况：在发动机控制单元中记录故障代码；以替代值紧急运行。一旦点火开关打开，油轨压力传感器的诊断就开始了，然后每100ms诊断连续运行1次。

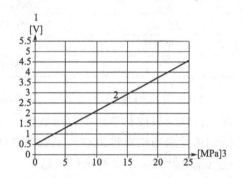

图3-12 传感器特性曲线

1—电压；2—油轨压力特性线；3—压力

表3-4 油轨压力传感器的标准值

项目	数值	项目	数值
油轨压力传感器电压范围	0.5～4.5V	最大输出电流	10mA
油轨压力测量范围	0～250bar	温度范围	-40～140℃

3.5 氮氧化物传感器（NO$_x$传感器）

3.5.1 传感器功能与原理

氮氧化物传感器（NO$_x$传感器）在来自内燃机和柴油发动机的废气流中分析氮氧化物

图3-13 氮氧化物传感器

1—5芯插头连接；2—氮氧化物传感器的电子分析装置；3—氮氧化物传感器的测量用探针

浓缩情况。传感器外观如图3-13所示。

如果氮氧化物含量增加，则会出现一个代表存储型尾气处理器已充满的符号。氮氧化物传感器位于存储型尾气处理器下游。

存储型尾气处理器的存储容量受到限制。如果达到存储型尾气处理器的存储容量，则发动机控制系统开始调动和转换氮氧化物。

发动机控制系统基于计算模型和氮氧化物传感器的测量信号控制并监控再生阶段。

在再生阶段将持续约3s切换成润滑驱动（过量空气系数$\lambda<1$）。在存储型尾气处理器中暂时存储的氮氧化物将减少并转化成氮气。接着，存储型尾气处理器可以再次暂时存储氮氧化物。该再生阶段可能每60h重复1次。

氮氧化物传感器由一种基于二氧化锆的陶瓷固体聚合物构成。大约在300℃以上的温度条件下该材料可传导氧离子。对已安装的加热元件需留意所需的工作温度。

废气中的氧气和氮氧化物混合物在存储型尾气处理器之后进入氮氧化物传感器。氮氧化物传感器由两个空腔组成。在第一个空腔中将通过泵单元抽出或注入氧气并由此将氧气浓缩调节为固定值。通过提供电压将氧分子拆分为离子并通过固体聚合物导出。

接着将氮氧化物保留在第二个空腔中。在第二个空腔中将通过第二个泵单元继续减少氧气浓缩。在第三个泵单元中通过催化元件将残留的氮氧化物分解为氧气和氮气。释放的氧气导致泵流，与废气中的氮氧化物浓缩成比例。

电子分析装置基于物理测量值产生输出信号。

氮氧化物传感器通过PT-CAN2与发动机控制系统通信。

3.5.2 传感器电路连接

氮氧化物传感器由一个测量用探针和一个电子分析装置组成，见图3-14。这两个部件通过电缆彼此相连接并不可分离。电子分析装置已连接到PT-CAN2。后部配电器利用总线端Kl.15N为氮氧化物传感器供电。

氮氧化物传感器具有的标准值见表3-5。

表3-5 氮氧化物传感器的标准值

项目	数值
电压范围	9～16.5V
供电电压	12V
温度范围	100～800℃

当氮氧化物传感器失灵时，预计将出现以下情况：在发动机控制单元中记录故障代码；

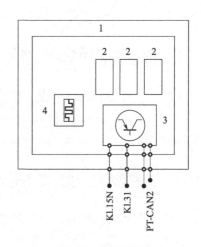

图3-14 传感器电路

1—氮氧化物传感器；2—泵单元；3—电子分析装置；4—加热元件

线脚布置：Kl.15N——总线端Kl.15空转，供电；Kl.31——总线端Kl.31，接地；PT-CAN2——低挡驱动系控制器区域网络2低挡。

发动机控制单元采用相对过量空气系数的替代值（过量空气系数λ=1）；排放警示灯亮起。

欧洲规格：在欧洲规格中，发动机故障提示为排放警示灯亮起。

美国规格：在美国规格中，出现故障显示为"尽快维修引擎"。

排放警示灯集成到组合仪表中作为法定的控制和报警灯。

3.6 废气压力传感器

3.6.1 传感器功能与原理

废气压力传感器固定在发动机上的一个支架上（防止温度过高）。废气压力传感器通过一根软管和一条管道与排气歧管连接，见图3-15。

数字式柴油机电子伺控系统利用废气压力传感器和废气温度传感器的信号控制微粒过滤器的再生。废气压力传感器测量排气系统中在氧化废气催化转换器后的压力。如果废气压力高于允许值750mbar，则数字式柴油机电子伺控系统启动微粒过滤器的再生（超过微粒过滤器的加载量）。

在废气压力传感器中，一个膜片将废气压力转换成一个行程。这个行程由4个压敏电阻转换成一个电压信号。废气压力传感器的测量范围为0.6～2.0bar(绝对)，对应于1.875～4.5V的电压。

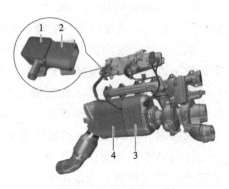

图3-15 废气压力传感器

1—排气背压传感器；
2—3芯插头连接；
3—氧化废气催化转换器；
4—微粒过滤器的温度

3.6.2 传感器电路连接

废气压力传感器通过一个3芯插头连接进行连接，见图3-16。该传感器由发动机控制系统提供5V的电压。

3.6.3 传感器特性线及标准值

废气压力的信息将通过一条信号线传输给发动机控制装置。废气压力的有效信号根据压力变化而波动。测量范围为1.875～4.5V，对应于60～200kPa（0.6～2bar）的废气压力。传感器特性曲线如图3-17所示。

通过下列参数验证该信号：转速、喷油量、油耗。

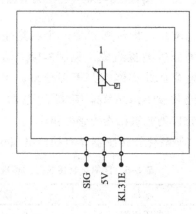

图3-16 废气压力传感器电路

1—排气背压传感器

线脚布置：SIG——废气压力信号；5V——5V供电电压；Kl.31E——总线端Kl.31，电子接地线。

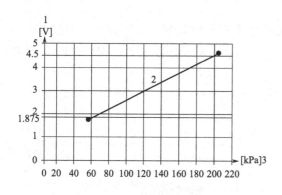

图 3-17 传感器特性曲线

1—信号电压；2—废气压力传感器特性线；3—压力

废气压力传感器具有的标准值见表 3-6。

表 3-6 废气压力传感器的标准值

参数	值
电压范围	4.75～5.25V
工作压力	0.6～2.0bar
响应时间	小于 5ms
最大输出电流	15mA
温度范围	−30～130℃

废气压力传感器失灵时，预计将出现以下情况：在发动机控制单元记录故障代码；中断废气再循环；柴油微粒过滤器再生断开。

3.7 柴油微粒过滤器压差传感器

3.7.1 传感器功能原理

燃油压差传感器固定在发动机的支架上（防止高温）。压差传感器穿过两条管道通过两根连接在上面的软管与柴油微粒过滤器连接。传感器外观如图 3-18 所示。

数字式柴油机电子伺控系统（DDE）利用压差传感器和废气温度传感器的信号控制柴油微粒过滤器的再生。压差传感器测量柴油微粒过滤器前后排气系统中的压力。如果排气背压高于允许值 750mbar，则数字式柴油机电子伺控系统启动柴油微粒过滤器的再生（超过柴油微粒过滤器的负荷）。

在燃油压差传感器中，一个膜片将排气背压转换成一个行程。这个行程由四个压敏电阻转换成一个电压信号。废气压力传感器的测量范围为 −0.05～1.0bar（绝对），对应于一个 0.875～4.5V 的电压。

3.7.2 传感器电路连接

燃油压差传感器通过一个 3 芯插头连接进行连接，见图 3-19。该传感器由发动机控制系统提供 5V 的电压。

图 3-18 压差传感器

1—3 芯插头连接；2—柴油微粒过滤器压力差传感器

图 3-19 压差传感器电路

1—燃油压差传感器

线脚布置：SIG——废气压力信号；5V——5V 供电电压；Kl.31E——总线端 Kl.31，电子接地线。

3.7.3 传感器特性线及标准值

废气压力的信息将通过一条信号线传输给发动机控制装置。废气压力的有效信号根据压力变化而波动。测量范围为0.8～4.5V，对应于−5～100kPa（−0.05～1bar）的燃油压力。传感器特性曲线如图3-20所示。

通过下列参数验证该信号：转速、喷油量、油耗。

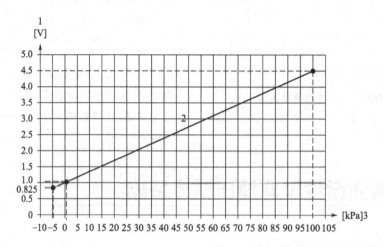

图3-20 传感器特性曲线

1—信号电压；2—燃油压差传感器特性线；3—压力

燃油压差传感器具有的标准值见表3-7。

表3-7 燃油压差传感器的标准值

参数	值	参数	值
电压范围	4.9～5.1V	最大输出电流	15mA
工作压力	−0.05～1.0bar	温度范围	−40～130℃
响应时间	小于5ms		

燃油压差传感器失灵时，预计将出现下列情况：在发动机控制单元记录故障代码；中断废气再循环；柴油微粒过滤器再生断开。

3.8 废气温度传感器

3.8.1 传感器功能与原理

废气温度传感器位于柴油微粒过滤器和氧化废气催化转换器共用壳体上接近中部位置。在柴油微粒过滤器再生时要用到废气温度传感器。传感器外观如图3-21所示。

节气门在规定的工作条件下对进气进行节流。由此，将结合1～2次补充喷射，来提高废气温度（柴油微粒过滤器再生）。废气温度传感器用于调节周期性再生期间的废气温度。

进行温度记录时，使用的是与温度有关的电阻器。该电路包括一个分压器，可对其测量与温度有关的电阻值。通过一条传感器特有的特性线将电阻值转换成温度值。在废气温度传感器中安装有一个热敏电阻（NTC），其电阻值随温度的上升而下降。此

图3-21　废气温度传感器

1—2芯插头连接；2—废气温度传感器

电阻值根据温度在96kΩ至32Ω的范围内变化，对应于-40℃至800℃的温度。

3.8.2 传感器电路连接

废气温度传感器通过一个2芯插头连接进行连接，见图3-22。传感器由发动机控制系统提供接地电压。

3.8.3 传感器特性线及标准值

废气温度传感器的电阻值根据温度在96kΩ至32Ω的范围内变化。对应于-40℃至800℃的温度。传感器特性曲线如图3-23所示。

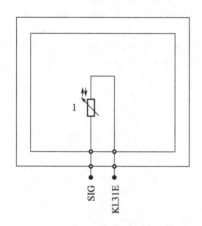

图3-22　废气温度传感器电路

1—废气温度传感器

线脚布置：SIG——废气温度信号；
Kl.31E——总线端Kl.31，电子接地线。

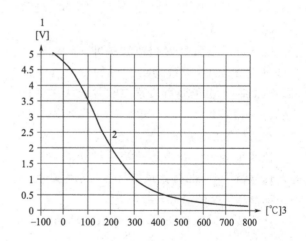

图3-23　传感器特性曲线

1—信号电压；2—热导体（NTC）特性线；3—温度

废气温度传感器具有的标准值见表3-8。

表3-8　废气温度传感器的标准值

参数	值	参数	值
废气温度传感器电压范围	0.15～4.95V	最大输出电流	10mA
响应时间	小于25s	温度范围	-40～800℃
废气温度分辨率	约1℃		

废气温度传感器失灵时,预计将出现以下情况:在发动机控制单元记录故障代码。

3.9 主动油箱油位传感器

3.9.1 传感器功能与原理

为了持续符合严格的法定废气排放规定,在SCR系统上喷射尿素-水混合物,即将所谓的AdBlue喷入SCR废气催化转换器中。作为喷剂喷入的尿素-水混合物在此与高温废气反应,从而减少废气中有害NO_x排放量的比例。这种化学反应在串接于柴油微粒过滤器后的SCR废气催化转换器中进行。当SCR废气催化转换器达到下列要求的最低温度时,即进行这种化学反应。在达到该温度(SCR废气催化转换器中大约200℃)前,SCR系统关闭。

在输送模块中集成燃油油位传感器。油位通过超声波测量。

电子分析装置发射超声波脉冲。这些超声波脉冲在尿素-水混合物至空气的分界处反射(回声脉冲)。电子分析装置接收并放大这些回声脉冲。接着这些被放大过的回声脉冲被转换成一种数字信号。

位置很倾斜或者主动油箱或被动油箱冻结时,信号位于15mm处。该信号与表示主动油箱或被动油箱已空的信号一致。

油位传感器安装在主动油箱或被动油箱中,见图3-24。

3.9.2 传感器电路连接

液位传感器通过一个5芯插头连接进行连接,见图3-25。

在燃油油位传感器中集成有一个温度传感器。进行温度记录时,使用的是与温度有关的电阻器。该电路包括一个分压器,可对其测量与温度有关的电阻值。通过一条传感器特有的特性线将电阻值转换成温度值。测量范围

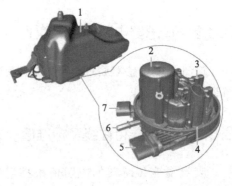

图3-24 主动箱液位传感器(宝马F30)

1—主动油箱;2—带供油泵和回流泵的泵体;3—加热元件;4—带温度传感器的燃油油位传感器;5—5芯插头连接;6—高压管路接口;7—4芯插头连接

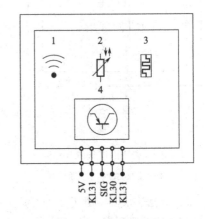

图3-25 传感器电路

1—燃油油位传感器;2—温度传感器;
3—尿素罐加热系统;4—电子分析装置

线脚布置:5V——燃油油位传感器供电;Kl.31——燃油油位传感器接地;SIG——油位信号和尿素-水混合物温度信号(按脉冲宽度调制);Kl.30——12V尿素罐加热系统供电;Kl.31——尿素罐加热系统总线端。

在 –40 ～ 80℃之间。

通过5芯插头连接将由SCR控制单元控制尿素罐加热系统。AdBlue在–11℃时冻结。在下列最大加热时间结束后，必须融化足够的AdBlue，以确保持续的燃油喷射。

–15℃：20min。

–25℃：45min。

当主动油箱冻结时将燃油输送量限制为150g/h。更高的燃油输送量会妨碍持续从主动油箱中抽取液态AdBlue并可能导致SCR系统失灵。

燃油油位传感器具有的标准值见表3-9。

表3-9 燃油油位传感器的标准值

参数	值	参数	值
电压范围	8 ～ 16V	温度范围	–40 ～ 80℃
测量范围	15 ～ 400mm		

燃油油位传感器失灵时，预计将出现下列情况：SCR控制单元中有故障记录。

3.10 被动油箱油位传感器

3.10.1 传感器功能与原理

燃油油位传感器集成在被动油箱中，见图3-26。油位通过超声波测量。

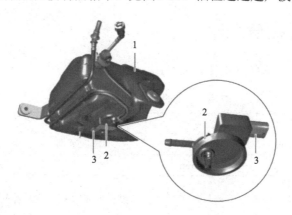

图3-26 燃油油位传感器（F30）

1—被动油箱；2—带温度传感器的燃油油位传感器；3—3芯插头连接

电子分析装置发射超声波脉冲。这些超声波脉冲在尿素-水混合物至空气的分界处反射（回声脉冲）。电子分析装置接收并放大这些回声脉冲。接着这些被放大过的回声脉冲被转换成一种数字信号。

位置很倾斜或者主动油箱或被动油箱冻结时，信号位于15mm处。该信号与表示主动油箱或被动油箱已空的信号一致。

3.10.2 传感器电路连接

燃油油位传感器通过一个3芯插头连接进行连接，见图3-27。

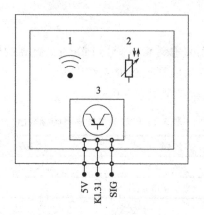

图3-27 传感器电路

1—燃油油位传感器；2—温度传感器；3—尿素罐加热系统

线脚布置：5V——燃油油位传感器供电；Kl.31——燃油油位传感器接地；SIG——油位信号和尿素-水混合物温度信号（按脉冲宽度调制）。

在燃油油位传感器中集成有一个温度传感器。进行温度记录时，使用的是与温度有关的电阻器。该电路包括一个分压器，可对其测量与温度有关的电阻值。通过一条传感器特有的特性线将电阻值转换成温度值。测量范围在-40～80℃之间。

3.10.3 传感器标准值

燃油油位传感器具有的标准值见表3-10。

表3-10 燃油油位传感器的标准值

参数	值	参数	值
电压范围	8～16V	温度范围	-40～80℃
测量范围	15～400mm		

燃油油位传感器失灵时，预计将出现下列情况：SCR控制单元中有故障记录。

第 4 章 混合动力车型高压系统传感器

4.1 转子位置传感器

4.1.1 传感器功能与原理

转子位置传感器探测转子的准确位置。此后必须根据转子位置依次为定子内的各线圈提供高电压，以便产生旋转磁场。这个模拟传感器信号由电机电子伺控系统（EME）进行分析。

转子位置传感器的工作原理以转子的磁特性变化为基础。转子外侧采用正弦结构。转子位置传感器以感应方式扫描该结构。电机电子伺控系统由此确定转子的准确位置。

转子位置传感器由2个通过交流电压驱动的线圈组成。转子转动时，线圈内感应电压和电流强度根据磁特性发生变化。转子位置传感器安装位置见图4-1。

图4-1 转子位置传感器

1—电机；2—曲轴传感器；3—转子上的正弦结构；
4—转子位置传感器；5—4芯插头连接；6—高压接头

4.1.2 传感器电路连接

电机电子伺控系统（EME）为转子位置传感器供电。传感器信号读入电机电子伺控系统内并在此进行分析。传感器电路连接如图4-2所示。

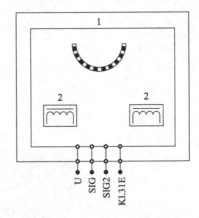

图4-2 转子位置传感器电路

1—转子位置传感器；2—线圈

脚位说明：Kl.31E——总线端Kl.31，电子接地线；SIG——信号线；SIG2——信号线2；U——供电电压。

4.1.3 传感器标准值

转子位置传感器具有的标准值见表4-1。

表4-1 转子位置传感器的标准值

项目	数值	项目	数值
电压范围	4.9～5.1V	温度范围	-40～140℃
电流消耗	小于30mA		

转子位置传感器失灵时，预计会出现以下情况：电机电子伺控系统（EME）内有故障记录；关闭或不打开电机。

在此提供一项服务功能用于转子位置传感器匹配。匹配时测量机械公差，然后存储在电机电子伺控系统（EME）内。借助匹配可以在运行时始终确定转子的准确位置。

以下工作完成后必须进行转子位置传感器匹配：更换转子位置传感器；更换电机；更换电机电子伺控系统（EME）。

4.2 电机位置传感器

4.2.1 传感器功能与原理

电机连同分离离合器在内安装于发动机和自动变速箱之间。电机由定子（内置）和转子（外置）组成。转子代替发动机的飞轮。电机为永磁电动机（同步），最大功率设计为39kW。

根据磁场精确调节电机时必须要知道电机位置角度，这样定子线圈上才能产生与转子位置匹配的电压。

电机位置传感器探测电机转子的准确位置。电机位置传感器的结构类似同步电机。其特殊成形的转子连接着电机转子，定子同电机的定子相连。通过定子线圈中的转子转动而产生的电压经过电机电子伺控系统（EME）分析后计算出电机位置角度。

工作时，电机线圈不允许超过规定的温度。因此，通常借助温度传感器测量某个线圈中的温度（负温度系数）。

电机电子伺控系统（EME）对温度传感器的信号进行分析。当线圈温度接近允许的最大值时，EME降低电机的功率。传感器安装位置见图4-3。

图4-3 传感器安装位置

1—温度传感器；
2—电机位置传感器定子；
3—电机位置传感器转子；
4—12芯插头连接

4.2.2 传感器电路连接

电机位置传感器通过一个12芯插头连接进行连接，见图4-4。通过该12芯插头连接也连接上温度传感器。电机位置传感器将其信号提供给电机电子伺控系统（EME）。

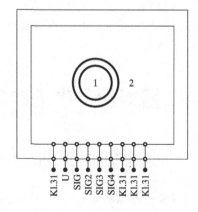

图4-4 传感器电路

1—电机位置传感器转子；
2—电机位置传感器定子

4.3 电机温度传感器

4.3.1 传感器功能与原理

温度传感器是电机的组成部分。在运行时，电机线圈不允许超过某一温度值。温度传感器通过监控其中一个线圈内的温度代表所有线圈。如果温度升高且接近最大允许温度，则电机电子伺控系统（EME）就会降低电机功率。这样可以避免电机热过载。从驾驶者可察觉到的功率降低程度起，系统输出一条相应的检查控制信息。

温度传感器是一个热敏电阻或NTC电阻（NTC表示负温度系数）。可通过热敏电阻将温度变量转变成电气系统可以分析的电阻变量。温度较高时热敏电阻内导电材料的导电性比温度较低时好，也就是说电阻随温度升高而降低。传感器安装位置见图4-5。

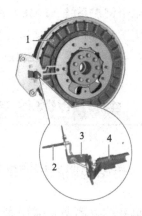

图4-5 电机温度传感器位置

1—电机内的线圈；2—温度传感器；
3—温度传感器支架；4—3芯插头连接

4.3.2 传感器电路连接

温度传感器由电机电子伺控系统（EME）提供5V电压。热敏电阻上的任何温度变化都会导致电压信号变化。分析在电机电子伺控系统（EME）内进行。传感器电路连接见图4-6。

温度传感器失灵时，预计会出现以下情况：电机电子伺控系统（EME）内有故障记录；关闭或不打开电机。

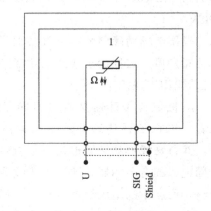

图4-6 传感器电路

1—热敏电阻

线脚布置：Shieid——屏蔽；SIG——信号线；U——供电电压。

4.4 智能型蓄电池传感器

4.4.1 传感器功能与原理

此智能型传感器固定在蓄电池负极上。传感器外观如图4-7、图4-8所示。

智能型蓄电池传感器现在通过一条LIN总线连接到发动机控制单元上。以前的蓄电池传感器是通过串行数据接口（BSD）与发动机控制单元连接的。

智能型蓄电池传感器是车辆通信系统中动力管理系统的一个特别重要的部件。

智能型蓄电池传感器（IBS）是一个用于监控蓄电池状态的机械电子部件。此外，它

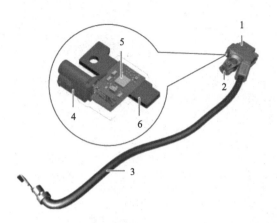
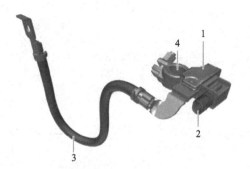

图4-7　蓄电池传感器（宝马F0x、F1x）
1—智能型蓄电池传感器；2—蓄电池负极接线柱；
3—接地导线；4—3芯插头连接；5—带微处理器和
温度传感器的线路板；
6—测量电阻=Shunt（相当于跳线）

图4-8　蓄电池传感器（宝马F2x、F3x）
1—智能型蓄电池传感器；2—2芯插头连接；
3—接地导线；4—蓄电池负极接线柱

还探测下列测量值：端电压，充电电流和放电电流，蓄电池接线柱的温度。

对于蓄电池传感器而言，名称中的"智能"表示其具有一个集成式微处理器与一部分软件。通过此处理器可对时间要求特别严格的测量参数进行前期处理，然后把结果（以较低数据传输率）传送到发动机控制单元。

智能型蓄电池传感器通过LIN总线向发动机控制单元发送数据。发动机控制单元中的软件控制与智能型蓄电池传感器的通信。蓄电池状态（SOH=健康状态）计算以及蓄电池充电状态（SOC=充电状态）计算在发动机控制单元中进行。

智能型蓄电池传感器的功能具体如下。

在车辆的各种运行状态下连续测量蓄电池数据；平衡蓄电池的充电电流以及放电电流；监控蓄电池充电状态以及激活动力管理系统和电源管理，临界蓄电池充电状态（蓄电池启动功能限制）的应对措施；确定用于校准蓄电池充电状态的初始数据；计算用于确定蓄电池状态的启动电流变化过程；休眠电流监控；向发动机控制单元（DME或DDE）传输数据；自诊断；通过发动机控制系统全自动升级运算法则参数和自诊断参数。

睡眠模式期间在临界状态（蓄电池充电电流低和/或静态电流提高）时，该传感器自行唤醒并向接线盒电子装置（JBE）输出一条相应信息。JBE根据信息类型和车辆状态执行不同措施，如断开总线端Kl.30F。

在发动机关闭和DME主继电器切断之间的时间内，智能型蓄电池传感器从发动机控制系统收到以下信息：一次可靠发动机启动可消耗的最大充气量。在DME主继电器断开后，智能型蓄电池传感器连续检查蓄电池充电状态和静态电流消耗。

4.4.2　传感器电路连接

智能型蓄电池传感器结构包括带电子分析装置和温度传感器的线路板、微处理器与软件、用于电流测量的电阻器（低阻值电阻器）。传感器内部结构与连接电路如图4-9所示。

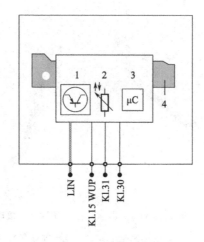

图 4-9 传感器电路

1—线路板；2—温度传感器；3—微处理器与软件；4—测量电阻

线脚布置：LIN——LIN总线（局域互联网）；Kl.15WUP——仅F0x、F1x系列车型：总线端Kl.15唤醒；F2x、F3x系列车型：对于最新一代的智能型蓄电池传感器，取消唤醒导线。通过LIN总线进行唤醒。插头连接为2芯。

4.4.3 传感器测量方法及额定值

为了进行数据传输，智能型蓄电池传感器通过LIN总线与数字式发动机电子伺控系统（DME）或数字式柴油机电子装置（DDE）连接，见图4-10。

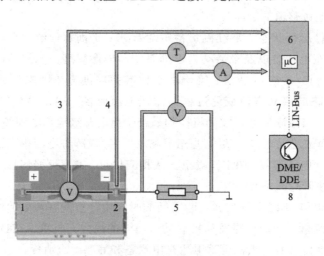

图 4-10 电路连接

1—蓄电池正极；2—蓄电池负极；3—测量蓄电池正负极之间的电压；4—测量蓄电池温度（T）；
5—电流测量（A），通过测量电阻上成正比的电压降（V）间接测量；
6—智能型蓄电池传感器中的微处理器；7—LIN总线；8—发动机控制系统（DME或DDE）

在行驶模式下和在车辆处于静止状态时查询测量值。

① 行驶模式：计算蓄电池状态，用作蓄电池充电状态（SOC：充电状态）和蓄电池

状态（SOH：健康状态）的基础。平衡蓄电池的充电和放电电流。

计算车辆启动时的电流变化，以便确定蓄电池状态。

智能型蓄电池传感器中的软件控制与发动机控制单元的通信。

② 车辆静止：在车辆处于静止状态时周期性地检查测量值，以便识别能量损失。智能型蓄电池传感器已被编程成每14s唤醒一次，以便通过一次重新测量更新测量值。测量持续时间约50ms。测量值记录到蓄电池传感器中用于记录静态电流的存储器中。在发动机重新启动后，发动机控制单元读取静态电流的变化过程。如果与定义的静态电流变化过程存在偏差，则在发动机控制单元中记录一个故障代码。

智能型蓄电池传感器具有的标准值见表4-2。

表4-2 智能型蓄电池传感器的标准值

项目	数值	项目	数值
休眠电流	−2.5～10A	电压范围	6～16.5V
工作电流	−200～200A	温度范围	−20～105℃
启动电流	0～1000A		

4.4.4 传感器维修

智能型蓄电池传感器失灵时，预计将出现以下情况：DME或DDE中出现故障代码存储记录；电源管理紧急运行（例如减小用电器功率）；发动机启动/停止自动装置失效。

智能型蓄电池传感器在安装到蓄电池接线柱上、用螺栓拧紧到接地接线柱上并插上信号线后，功能良好。其基本参数电流、电压和温度可立即调用。

车辆可以由于静态电流提高而被唤醒（通过JBE）最多3次。

根据车辆状态和唤醒原因，通过JBE执行下列动作之一。

① 唤醒车辆，以便发动机控制单元能够向停车用电器发送断开要求。

② 复位总线端Kl.30F（这时车辆不醒来）。

③ 断开总线端Kl.30F（这时车辆不醒来）。

④ 无措施（仅故障代码存储记录）。

在每种情况下都会生成一条故障代码存储记录。

4.5 电控辅助加热器温度传感器

4.5.1 传感器结构与原理

在电控辅助加热器中，以电动方式将加热循环回路内的冷却液加热到驾驶者希望的温度。冷却液温度传感器监控该温度。

电控辅助加热器是一个单独的部件，工作原理与电动直通式加热器一样。电控辅助加热器借助加热螺旋体按需加热循环回路中的冷却液，并以间歇方式控制加热螺旋体。

该冷却液温度传感器测量冷却液出口的温度。该温度信号将通过单独导线传送至电控辅助加热器。

通过局域互联网总线,电控辅助加热器将出口的冷却液温度以及电流消耗输出至冷暖空调的控制单元。

图4-11所示为电控辅助加热器,以宝马I01系列车型为例。

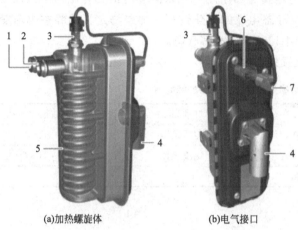

图 4-11 传感器安装位置

1—冷却液入口(来自附加冷却液泵);2—冷却液出口(至车厢内部的暖风热交换器);3—冷却液温度传感器(暖风热交换器的冷却液出口上);4—高压车载网络上的接口;5—加热螺旋体(3个并联的加热螺旋体);6—12V车载网络上的接口;7—电控辅助加热器温度传感器的连接

4.5.2 传感器电路

电控辅助加热器连接在高压车载网络上。加热螺旋体是并联的。冷暖空调的控制单元控制电控辅助加热器。传感器电路如图4-12所示。

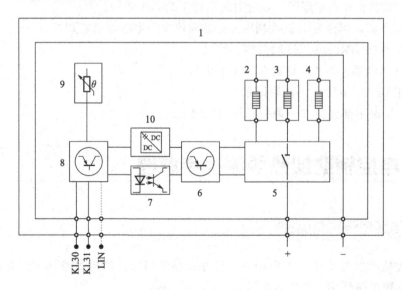

图 4-12 传感器电路

1—电控辅助加热器;2—加热螺旋体1;3—加热螺旋体2;4—加热螺旋体3;5—电源开关;6—电子控制装置;7—光耦合器;8—电子控制装置;9—电控辅助加热器温度传感器;10—DC/DC转换器

线脚布置见表4-3。

表4-3 线脚布置

线脚Pin	说明	线脚Pin	说明
Kl.30	总线端Kl.30	+	高压接口（正极导线）
Kl.31	总线端Kl.31，接地	−	高压接口（接地线）
LIN	LIN总线		

电控辅助加热器的标准值见表4-4。

表4-4 电控辅助加热器的标准值

参数	值	参数	值
低压侧供电电压	9～18V	额定电压280V时的电功率	（5.5±10%）kW
高压接口供电电压	180～430V	主动式加热运行温度	不超过105℃

电控辅助加热器失灵时，预计会出现下列情况：冷暖空调控制单元中有故障记录。

4.6 冷却液压力温度传感器

4.6.1 传感器功能与原理

冷却液压力温度传感器是热泵的一个组成部分。热泵非单个部件，而是一个系统。传感器部件如图4-13所示。

借助热泵的系统组件实现下列功能：加热车厢内部，冷却车厢内部，冷却高压蓄电池。

制冷剂将根据所要求的操作模式（加热和/或冷却）相应地由热泵回路系统组件进行导流。在某些系统组件上制冷剂的流动方向也按照操作模式相应变化。

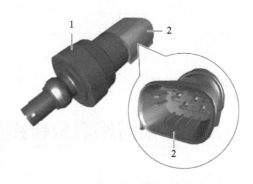

图4-13 压力温度传感器

1—冷却液压力温度传感器；2—4芯插头连接

在热泵回路中安装了诸如下列部件的多种部件，以便调节和控制制冷剂的流通量和流动方向：冷却液压力温度传感器，热泵回路温度传感器，电调节式膨胀阀，热泵回路单向阀。

热泵回路的冷却液压力温度传感器安装在高压蓄电池单元和冷凝器的低压管路中。

使用热泵进行冷却运行时，低压管路中的制冷剂压力和制冷剂温度将通过冷却液压力温度传感器进行感测，并在热泵控制器中进行分析。中央控制功能则由经局域互联网总线连接的冷暖空调控制单元来负责（"IHKR"意思是"手动恒温空调"，"IHKA"意思是"自动恒温空调"）。

车身域控制器（BDC）将根据冷却液压力温度传感器的信号按照冷暖空调控制单元的要求关闭电动空调压缩机。

冷却液压力温度传感器将通过一个对压力敏感的元件和一个对温度敏感的元件针对使用热泵的制冷循环回路低压管路中的所施加制冷剂压力和制冷剂温度进行分析。

冷却液压力温度传感器供电为恒定电压。原始测量信号为传感器的输出电压，与制冷剂压力和制冷剂温度为线性关系。

冷却液压力温度传感器将测量信号以模拟信号方式输出。在热泵控制器中将此模拟信号转换为数字信号，并在总线上发送到冷暖空调的控制单元处。

4.6.2 传感器电路连接

冷却液压力温度传感器由热泵控制器供给5V的电压并负责接地，见图4-14。

冷却液压力温度传感器具有的标准值见表4-5。

表4-5　冷却液压力温度传感器的标准值

参数	值
电压范围	4.5～5.5V
电流消耗	小于15mA
工作压力	1～7bar
温度范围	-40～135℃

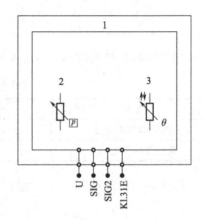

图4-14　传感器电路

1—冷却液压力温度传感器；2—压力传感器；3—温度传感器

线脚布置：Kl.31E——总线端Kl.31，电子接地线；SIG——信号线，制冷剂压力；SIG2——信号线2，制冷剂温度；U——供电电压，5V。

冷却液压力温度传感器失灵时，预计将出现以下情况：冷暖空调控制单元中出现故障记录；电动空调压缩机被关闭或打不开。

4.7　热泵回路温度传感器

4.7.1 传感器功能与原理

热泵回路温度传感器是热泵的一个组成部分。热泵非单个部件，而是一个系统。

系统共安装了3个热泵回路温度传感器。一个安装在热泵热交换器和电调节式膨胀阀之间；一个安装在热泵回路的单向阀和高压蓄电池单元之间；还有一个安装在热泵回路中的蒸发器附近。

传感器信号均在热泵控制器中进行分析。

温度传感器将制冷剂的温度转换为一个电气参数（电阻）。对此使用一个具有负温度系数（NTC）的电阻。

进行温度记录时，使用的是与温度有关的电阻器。该电路包括一个分压器，可对其测量与温度有关的电阻值。通过一条传感器特有的特性线将电阻值转换成温度值。温度传感器中安装有一个热敏电阻（NTC），其电阻值随温度的上升而下降。

图 4-15 所示为热泵回路的温度传感器。

此电阻值根据温度在约 75kΩ 至 206Ω 的范围内变化，对应于 -40℃ 至 90℃ 的温度。

4.7.2 传感器电路连接

每个热泵回路温度传感器都是通过一根 2 芯插头连接与车载网络相连接，见图 4-16。此电阻是一个由热泵控制器提供 5V 供电的分压器电路部件。

图 4-15 温度传感器

1—热泵回路温度传感器；2—2 芯插头连接

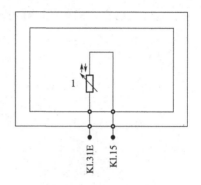

图 4-16 传感器电路

1—热敏电阻

线脚布置：Kl.31E——总线端 Kl.31，电子接地线

4.7.3 传感器特性线及标准值

电阻上的电压与制冷剂温度有关。在冷暖空调控制单元存储了一个表格，此表格说明了每个电压值的对应温度。借此可补偿电压和温度之间的非线性关系。传感器特性曲线如图 4-17 所示。

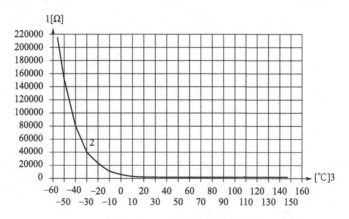

图 4-17 传感器特性曲线

1—电阻；2—热导体（NTC）特性线；3—温度

热泵回路中温度传感器具有的标准值见表4-6。

表4-6 热泵回路中温度传感器的标准值

参数	值	参数	值
25℃时的额定电阻	（2252±1.5%）Ω	温度分辨率	±1℃
电流消耗	1mA	最大输出电流	20mA
响应时间	15s	温度范围	−40～90℃

热泵回路中的温度传感器失灵时，预计将出现以下情况：冷暖空调控制单元中出现故障记录；电动空调压缩机被关闭或打不开。

第 5 章
底盘电控系统传感器

5.1 零挡传感器

5.1.1 传感器功能与原理

在装有手动变速箱的车辆中,变速箱壳上安装有零挡传感器与发动机启动/停止自动装置,见图5-1。在变速箱内部换挡轴上有永久磁铁。

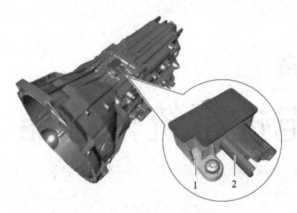

图5-1 传感器安装位置

1—零挡传感器;2—4芯插头连接

借助零挡传感器和永久磁铁,发动机控制单元可识别手动变速箱或换挡杆的空挡位置(=怠速)。

为了发挥发动机启动/停止自动装置的功能,必须识别出准确的空挡位置,使发动机不会在无意中挂入挡时启动。

零挡传感器以非接触方式选择换挡轴的移动。

在换挡过程中当换挡杆移动时,换挡轴推移。换挡轴上固定着一个永久磁铁。零挡传感器根据磁场的变化识别磁铁的位置变化。这些变化通过零挡传感器的分析电子装置探测并传输到发动机控制单元。

5.1.2 传感器电路连接

零挡传感器通过一个4芯插头连接与发动机控制单元相连接,见图5-2。零挡传感器是一个PLCD传感器(PLCD是"永磁铁线性无接触位移测量"的英文缩写)。PLCD传感器将按脉冲宽度调制的信号(PWM信号)发送至发动机控制单元。

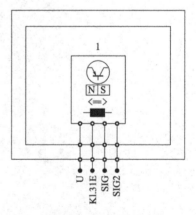

图5-2 传感器电路

1—零挡传感器

线脚布置:Kl.31 E——总线端Kl.31,电子接地线;SIG——至发动机控制单元的信号线;SIG2——线脚Pin未使用;U——供电电压。

5.1.3 传感器组成及标准值

零挡传感器内部中有一个带3个线圈的磁芯。中间有一个初级线圈,两端各有一个次级线圈,见图5-3。

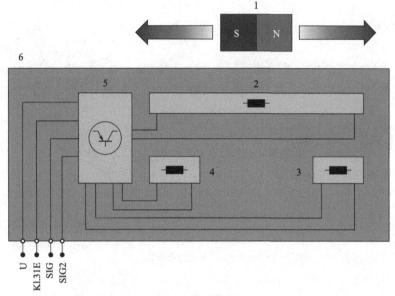

图5-3 传感器结构

1—换挡轴上的永久磁铁;2—初级线圈;3,4—次级线圈2;5—电子分析装置;6—零挡传感器

线脚布置:Kl.31E——总线端Kl.31,电子接地线;SIG——信号输出端;SIG2——线脚Pin未使用;U——供电电压。

换挡轴上的永久磁铁引起初级线圈的局部饱和。根据永久磁铁的位置不同,在次级线圈上感应到不同的电压。次级线圈之间的电压差表明了永久磁铁的位置以及由此可知的换挡轴精确位置。发动机控制单元通过零挡传感器的信号输出端收到此位置信号。

零挡传感器的标准值见表5-1。

表5-1 零挡传感器的标准值

项目	数值
供电电压	5V
电流消耗	9～15mA
温度范围	-40～140℃

在零挡传感器失灵时预计会出现下列情况:在发动机控制单元记录故障代码;发动机启动/停止自动装置无功能。

通过诊断系统可进行零挡传感器的功能检查,路径如下。

路径1:功能网络—驱动—发动机电子装置—发动机启动/停止自动装置—零挡传感器。

路径2:功能网络—驱动—柴油发动机电子装置—发动机启动/停止自动装置—零挡传感器。

5.2 变速箱油温传感器

5.2.1 传感器功能与原理

变速箱油温传感器安装在变速箱外壳下部,见图5-4。

变速箱油温传感器将变速箱油温转换为一个电气参数(电阻)。为此使用一个具有负温度系数(NTC)的电阻。

由于较高的扭矩和发动机高环境温度,手动变速箱需要一个外部齿轮油冷却装置。变速箱油温传感器对于控制变速箱油泵是必需的。

进行温度记录时,使用的是与温度有关的电阻器。该电路包括一个分压器,可对其测量与温度有关的电阻值。通过一条传感器特有的特性线将电阻值转换成温度值。在冷却液温度传感器中安装有一个热敏电阻(NTC),其电阻值随温度的上升而下降。

此电阻值根据温度在217kΩ至37Ω的范围内变化,对应于-55℃至155℃的温度。

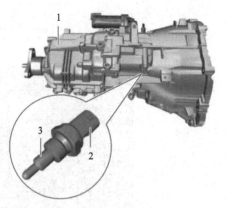

图5-4 传感器安装位置

1—变速箱;2—2芯插头连接;3—变速箱油温传感器

5.2.2 传感器电路连接

变速箱油温度传感器是通过一个2芯插头连接进行连接的,见图5-5。信号被传输到发动机控制系统上。

5.2.3 特性线及标准值

变速箱油温信息通过一根信号线传输到发动机控制系统上。该信息在控制变速箱油泵时会用到。变速箱油温传感器在车辆启动后很快就提供一个发动机控制系统可用的信号。传感器特性曲线如图5-6所示。

变速箱油温传感器具有的标准值见表5-2。

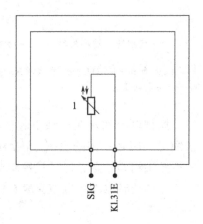

图5-5 传感器电路

1—变速箱油温传感器

线脚布置:SIG——变速箱油温度传感器信号;Kl.31E——总线端Kl.31,电子接地线。

表5-2 变速箱油温传感器的标准值

项目	数值	项目	数值
信号电压	0.1~3.3V	响应时间	小于15s
最大负载电流	1mA	温度范围	-40~50℃

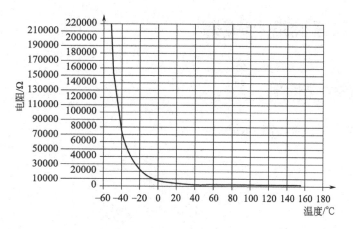

图5-6　传感器特性曲线

变速箱油温传感器失灵时，预计将出现以下情况：在发动机控制单元中记录故障代码；以替代值紧急运行。

5.2.4 传感器故障案例

故障现象

保时捷987 & 997 PDK变速箱故障，仪表显示"变速箱紧急运行"。

诊断过程

① 电脑检测PDK有以下故障码：P0711 with P17F0/P17F1/P17F2；P172D by itself or with P17F1/P17F2/P17F2。

② 根据PDK的诊断流程图SF4进行检查，可以单独更换PDK内部的温度传感器。

解决方案

确保有图5-7所示的工具00004320778；更换温度传感器。

图5-7　油温传感器

5.3 差速器油温传感器

5.3.1 传感器安装位置

油温传感器安装位置如图5-8所示。

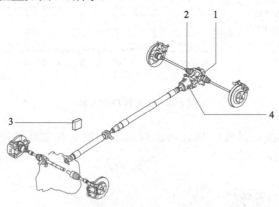

图5-8 油温传感器安装位置

1—差速器油温传感器；2—4WD电磁阀；3—4WD控制模块；4—偶合部件

5.3.2 传感器检测

警告：高温差速器油可引起严重的烫伤；差速器油的温度高时，不得进行维修。

① 断开电池负极电缆。

② 断开差速器油温传感器的连接器，然后拆下差速器油温传感器。

③ 用塑料包裹物把差速器油温传感器包起来，并将它浸入装满水的烧杯内。逐渐升高水温，并测量差速器油温传感器接线端A和接线端B之间的电阻，如图5-9所示。

如果与标准值不符，请检查电气线路导通是否正常。如果接线端之间的连续性正常，则更换差速器油温传感器。

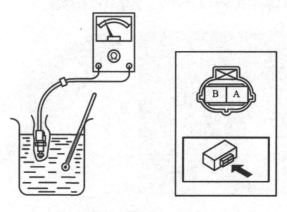

图5-9 测量油温传感器

差速器油温传感器规格见表5-3。

表5-3 差速器油温传感器规格

水温/℃（℉）	电阻/kΩ	水温/℃（℉）	电阻/kΩ
0（32）	91～100	50（122）	10～11
10（50）	56～61	60（140）	7.1～7.9
20（68）	35～39	70（158）	5.0～5.6
30（86）	23～25	80（176）	3.6～4.0
40（104）	15～16		

5.3.3 传感器拆装

① 断开电池负极电缆。
② 断开差速器油温传感器的连接器。
③ 拆下差速器油温传感器。
④ 往O形密封圈上涂抹差速器油。
⑤ 安装差速器油温传感器。拧紧扭矩为13～17N·m。
⑥ 连接差速器油温传感器的连接器。
⑦ 连接电池负极电缆。

5.4 轮胎压力传感器

5.4.1 传感器功能与原理

轮胎充气压力损失预示着轮胎多处损坏。轮胎压力监控提醒驾驶员一个或多个车轮的轮胎存在压力损失，因此也可以避免轮胎前期损坏。

轮胎压力监控系统是一个用于行驶运行时监控轮胎充气压力的系统，目前在美国（法规要求）和加拿大（作为特殊装备SA2VB）有供应。在欧洲和其他市场，将来法规也会要求安装轮胎压力监控系统。

即使安装了轮胎压力监控，驾驶员也必须定期检查轮胎充气压力。

每次轮胎充气压力改变和每次更换轮胎后都必须触发轮胎压力监控系统初始化设置。借此将各轮胎充气压力存储为标准值。

更换车轮时必须注意，初始化设置之前必须满足至少8min的车辆停放时间。

宝马汽车自F15车型起，轮胎压力监控功能首次集成到动态稳定控制系统（DSC）中。遥控接收器接收来自车轮电子系统的无线电信号。

在所有车轮内，都在轮辋深槽内安装了车轮电子系统。车轮电子系统用螺栓连接在加注阀上（金属制造）。所有车轮电子系统都是相同部件。有效工作温度为−40～125℃。车轮电子系统监控轮胎内的温度。温度高于约115℃时，轮胎压力监控切换为一个功能受限的模式,可能会关闭硬件。车轮电子装置如图5-10所示。

在每个车轮电子系统中都安装了一个加速传感器。加速传感器识别车轮是静止还是旋转。

车轮静止时无信息通过遥控接收器发送到动态稳定控制(DSC)。车轮电子系统处于静止模式。这种工作模式提高了车轮电子系统中蓄电池的寿命。

当车速超过30km/h,车轮电子系统切换到就绪模式。车轮电子系统开始以固定周期发送。

车轮电子系统定期测量轮胎充气压力和温度。该测量值周期性从轮胎通过遥控接收器传递到动态稳定控制系统。

DSC控制单元通过一同发送的识别号码识别各个车轮的分配。当分配丢失时,必须重新示教。

通过一个锂离子蓄电池为车轮电子系统供电。设计使用寿命为10年左右。剩余使用寿命以1个月的分辨率显示。

安装轮胎之前使用诊断系统检查车轮电子系统中的蓄电池功率是否足够。

5.4.2 传感器电路连接

车轮电子系统由一个塑料壳体构成。在这个塑料壳体内的线路板上有以下部件:压力传感器、温度传感器、加速传感器、发送及接受单元、电子分析装置、蓄电池,见图5-11。

车轮电子系统具有的标准值见表5-4。

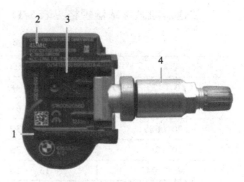

图5-10 车轮电子系统

1—车轮电子系统;2—无线电频率;
3—压力传感器;4—阀门

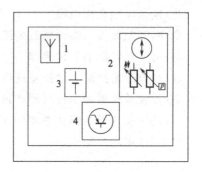

图5-11 内部电路结构

1—带有发送及接受单元的天线;
2—压力、温度和加速传感器;
3—蓄电池;
4—电子分析装置

表5-4 车轮电子系统的标准值

参数	值
发射频率—规格1(标准型)	433MHz
发射频率—规格2(根据车型系列和国家规格)	315MHz
接收频率	(125±6)kHz
温度范围	−40~120℃
最高工作温度	150℃(最长10min)
离心加速度	最大2000g

在车轮电子系统失效时,预计将出现以下情况:RDC控制单元内出现故障代码存储记录;检查控制信息;RDC指示灯和报警灯亮起。

5.5 车身水平传感器

5.5.1 传感器功能与原理

水平传感器G84用于检测车身的水平状态。这种传感器是一种非接触式的转角传感器，它通过一根联动杆来判定后桥相对于车身的弹簧压缩量。

联动杆的连接结构（图5-12和图5-13）可以在很大程度上来补偿单侧压缩。

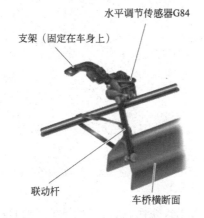

图5-12 联动杆与扭力梁的连接结构
（前轮驱动车）

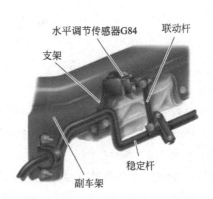

图5-13 双控制臂车桥上的连接结构
（四轮驱动车）

另外这种连接结构可以使得我们用一个水平传感器就可以实现水平调节。

奥迪A6上的自水平调节机构无法调节车身左右的水平差（如由于单侧加载而造成的）。

水平传感器G84上的针脚布置：1—接地；2,3,6—未使用；4—模拟信号输出，电压信号；5—5V电压供给。传感器信号感应原理如图5-14所示，其电压特性曲线如图5-15所示。

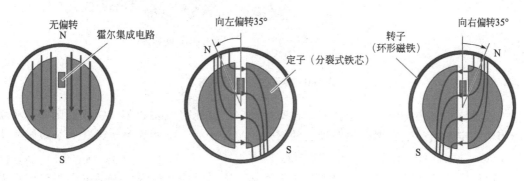

图5-14 偏转信号

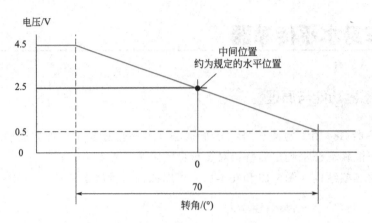

图5-15 传感器电压特性曲线

5.5.2 传感器构造

传感器设计为一个双腔系统。在一侧（腔室1）是转子，在对面一侧（腔室2）是装有定子的电路板。转子和定子安装时各自都是密封的。

转子由一个非磁性不锈钢轴组成，里面粘接了一个稀土磁铁。当需要有很高的磁场强度并且磁铁尺寸要尽量小时，使用稀土磁铁。

转子和连杆通过操纵杆连接在一起，并且通过操纵杆传动。传感器内部构造如图5-16所示。

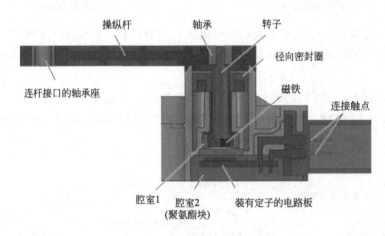

图5-16 车身水平传感器构造

转子放置在操纵杆的一个径向密封圈里面，这样就可以防止整体结构受到周围环境的影响。定子由一个布置在电路板上的霍尔传感器构成。电路板是浇铸在一个聚氨酯块里面的，这同样可以起到防止外部影响的作用。

电路板的芯片对传感器输出信号进行换算，这样电控减振系统控制单元J250就可以识别出车身水平的变化。

5.6 车身加速度传感器

5.6.1 传感器功能与安装位置

车身加速度传感器的作用是测量车身的垂直加速度。

在车身上，左前车身加速度传感器G341和右前车身加速度传感器G342都安装在减振器的上方，见图5-17。

车尾车身加速度传感器G343安装在车身左后减振器的上方，见图5-18。

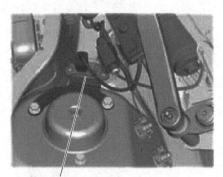

左前车身加速度传感器G341

图5-17　车身加速度传感器（前桥）

车尾车身加速度传感器G343

图5-18　车身加速度传感器（后桥）

5.6.2 传感器工作原理

车身加速度传感器根据电容测量原理进行工作。在电容极板之间有一个弹性支承块m作为中间极产生振动，从而反向协调电容器C_1和C_2在其振动周期内的电容。一个电容器的极板间距d_1增大一个数值，另一个电容器的极板间距d_2就会减少同样的数值。这样，就改变了各个电容器的电容。原理如图5-19所示。

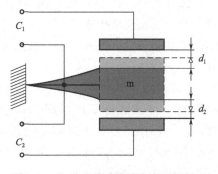

图5-19　加速度传感器的电容测量原理

一个求值电路向电控减振系统控制单元J250发送一个模拟的信号电压。

传感器的测量范围为±1.6g（g为重力加速度）。

5.7 高度传感器

5.7.1 传感器功能与原理

根据装备和车型系列，前桥上最多安装有2个高度传感器（左侧和右侧）。

高度传感器通过一个支架固定在上部横向摆臂附近。传感器外观如图5-20所示。

前桥上只安装1通道传感器。这些传感器将信号提供给一体式底盘管理系统（ICM）。ICM将该信号置于FlexRay上。

高度传感器是一种非接触式传感器。

高度传感器将路况变化通过一个角度器，按比例转换为模拟电压信号并输出。该传感器内部采用可旋转360°的结构。测量范围可以达到70°（无论安装位置如何，另见特性线）。

这种传感器是带有新特性线的感应式高度传感器。在此使用的感应式高度传感器带有锯齿形特性线。高度传感器以更广泛的使用范围和几乎不受限制的安装位置见长。

车轮升程通过耦合杆转换为高度传感器的旋转运动。在振动和逐渐恢复平稳时高度传感器的输出电压线性变化。根据特性线的规格，压缩时，输出电压增加；弹出时，输出电压降低。

根据装备和车型系列最多可在后桥安装2个高度传感器（左和右）。使用后桥架梁上的支架螺栓连接高度传感器。

视装备而定，可在后桥上配备1通道或2通道传感器。

2通道传感器提供以下信号：后部高度传感器与一体式底盘管理系统（ICM）电气连接。ICM将该信号置于FlexRay上。在具有自调标高悬架控制的车辆中，高度传感器也可以与EHC控制单元相连接（2通道）。

受影响的高度传感器具有新的特性线。

高度传感器应用了锯齿形特性线。后部高度传感器外观如图5-21所示。

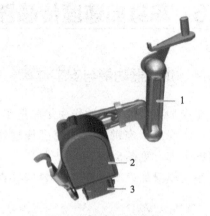

图5-20 高度传感器结构

1—耦合杆；2—高度传感器（1通道）；
3—6芯插头连接

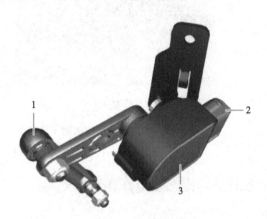

图5-21 后部高度传感器

1—耦合杆；2—6芯插头连接；3—高度传感器

5.7.2 传感器电路连接

后部2通道高度传感器由下列部件构成：壳体、环形磁铁、2个霍尔传感器、2个电子分析装置。其电路连接见图5-22。

以前的1通道高度传感器组成：壳体、环

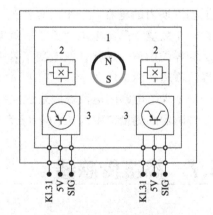

图5-22 传感器电路连接

1—环形磁铁；2—霍尔传感器；
3—电子分析装置

形磁铁、1个霍尔传感器、1个电子分析装置。其内部构成和连接电路如图5-23所示。

新的电感式高度传感器由下列部件构成：壳体、2个线圈、电子分析装置。其内部构成和电路连接见图5-24。

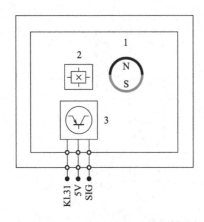

图5-23　旧的传感器电路连接

1—环形磁铁；2—霍尔传感器；
3—电子分析装置

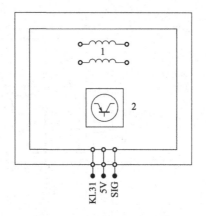

图5-24　新的传感器电路连接

1—2个线圈；2—电子分析装置

线脚布置：Kl.31——接地连接；
5V——5V供电电压；SIG——信号。

5.7.3　传感器特性线及标准值

高度传感器将由ICM控制器提供5V电压和接地。先前版本高度传感器的特性曲线如图5-25所示。

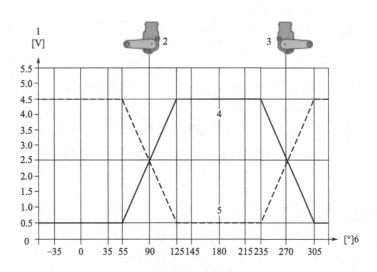

图5-25　旧版本传感器特性曲线

1—信号电压；2—左前安装位置；3—右前安装位置；
4—左前高度传感器特性线；
5—右前高度传感器；6—转角

新版本高度传感器的特性曲线如图5-26所示。

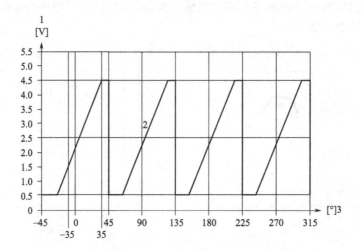

图5-26　新版本传感器特性曲线

1—信号电压；2—前部高度传感器特性线；3—转角

高度传感器具有的标准值见表5-5。

表5-5　高度传感器的标准值

项目	数值
供电电压	4.5～5.5V
当供电电压失灵时，传感器输出端上的输出电压	最大2%
当接地线断路时，传感器输出端上的输出电压	最小98%
过压	最大18V
短路强度（所有线脚Pin）	最大16V
每通道最大持续耗用电流（当电压为5.5V时）	16mA
接通电流（当电压为5.5V时）	20mA

当高度传感器失灵时，预计将出现以下情况：ICM内出现故障代码存储记录；无大灯光线水平调整；无自调标高悬架控制调节。

在更换一体式底盘管理系统（EHC仅在批量装用于宝马F11车型之前）以及高度传感器后必须重新了解高度传感器的匹配值。为此必须在诊断系统上使用服务功能"高度匹配"。

5.7.4　传感器故障案例

故障现象

保时捷卡宴车辆行驶中，底盘报警，升降功能没法使用；更换完传感器后，系统没法校准。

> 诊断过程

① 读出故障记忆显示右前传感器故障，右前传感器电压值显示0V，更换传感器后，数据显示正常，但是做系统校准时出现故障，校准失败。

② 在气泵工作时声音不正常，更换气泵和检查气泵控制单元线路之后，故障仍然存在。

③ 最后继续检查分配阀和管路连接和密封，没有任何损坏现象，但是在检查右前减振器管路时，发现空滤总成没有安装到位。检查空滤上与气泵连接的管路后发现，管路被烧坏而且被灰尘纸屑堵死。更换此管路后，系统一切正常（造成管路损坏的原因是非专业维修人员在更换空气滤芯时没有把管路安装到位，使管路处于活动状态，在长时间的颠簸过程中被排气管烧坏，且长时间吸入纸屑灰尘堵死）。

> 故障排除

更换右前高度传感器和气泵进气管。

5.8 转速传感器

5.8.1  传感器组成

主动式转速传感器可以检测车轮旋转方向（向前或向后）。该传感器包含传感器IC，其由两个MRE（磁阻元件）组成。

传感器转子（包括组成圆的南北极）与轮毂轴承内座圈集成在一起。传感器结构见图5-27。

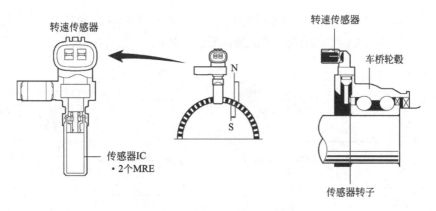

图5-27 主动式转速传感器结构

被动式转速传感器（包含耦合线圈）和主动式转速传感器之间存在下列差异。

主动式转速传感器输出信号如图5-28所示。被动式传感器输出信号如图5-29所示。

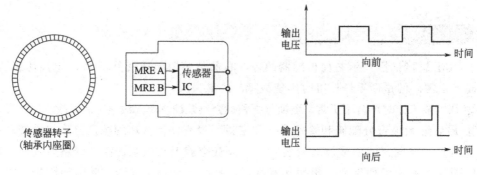

图5-28　主动式传感器输出信号

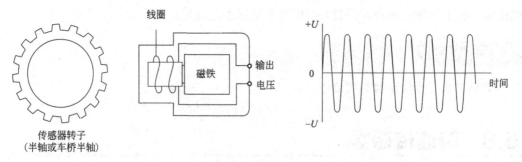

图5-29　被动式转速传感器

类型	主动	被动
方向检测	能够判断前转和后转	无法判断车轮旋转方向
检测转速		3km/h 或更高

5.8.2 传感器输出信号

为检测旋转方向,输出波形用来确定2个MRE产生的脉冲之间的关系。在接收到此信号后,传感器IC输出向前或向后的波形,见图5-30。

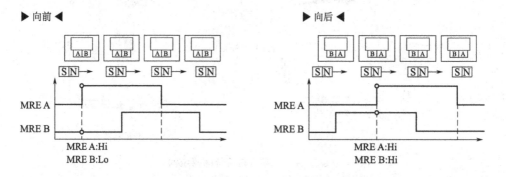

图5-30　传感器IC输出波形

为检测车速,采用了持续输出脉冲的方式。因为主动式传感器输出数字脉冲,所以能够检测车速(即使是大约为0),输出信号对比如图5-31所示。

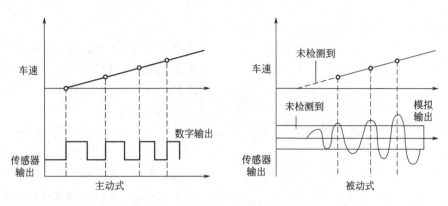

图5-31 主动式与被动式输出信号比较

5.8.3 车轮转速传感器

（1）传感器功能与原理

每个车轮上都安装了一个主动式车轮转速传感器，主动式车轮转速传感器连接在DSC控制单元上。在主动式车轮转速传感器中进行全部信号处理。在左后轮架上安装的传感器如图5-32所示。

车轮转速通过一个磁脉冲齿轮进行测量。该磁脉冲齿轮的每一圈分为96个增量。每个增量变化都被主动式车轮转速传感器所识别，并将其转换为脉冲宽度调制信号。

在车辆处于静止状态时，与以前的车轮转速传感器相反，约每0.75s传输一个电流脉冲。通过此电流脉冲显示车轮转速传感器的可用性。

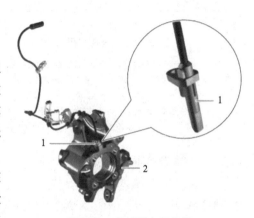

图5-32 传感器安装位置

1—车轮转速传感器；2—左后轮架

（2）传感器电路连接

在车轮轴承密封件中安装了48对磁极。在此北极和南极彼此交替（类似于增量轮的轮齿和空隙）。车轮转速传感器由2个霍尔传感器和1个电子分析装置组成，见图5-33。

（3）传感器信号及标准值

除了车轮转速外，主动式车轮转速传感器还识别以下信息，然后通过信号协议传输：车轮旋转方向；空气间隙；车轮静止超过1s时，每隔约0.7s发生一个电流脉冲。

旋转方向通过信号协议中一个定义的脉冲宽

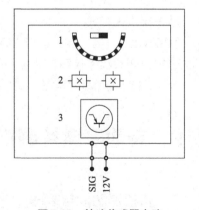

图5-33 转速传感器电路

1—增量齿圈；2—霍尔传感器；
3—电子分析装置

线脚布置：SIG——脉冲宽度调制信号；
12V——DSC控制单元供电。

度发送给DSC控制单元。

作为第三个附加信息，车轮转速传感器识别脉冲齿轮和传感器元件之间的一个空隙上限。此信息同样通过信号协议传送给DSC控制单元用于分析评估。传感器信号形成原理见图5-34。

DSC控制单元对这些信号进行分析，并因而能快速可靠地识别行驶方向、车辆静止和可能的空隙故障。

车轮转速传感器具有的标准值见表5-6。

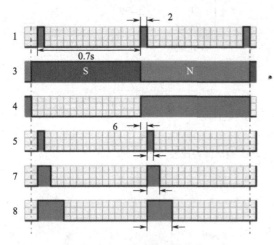

图5-34 信号形成原理

1—车辆静止时；2—电流脉冲；
3—南极（轮齿）、北极（空隙）；4—转速信号；
5—空隙警告信号；
6—起始位低；7—左旋方向信号；
8—右旋方向信号

表5-6 车轮转速传感器的标准值

项目	数值
供电电压	5.0～20V
信号频率	最大5000Hz
信号电平	低：7mA；高：14mA
脉冲负载参数	40%～60%
温度范围	传感器：-40～150℃；电缆、插头：-40～115℃

（4）传感器维修

车轮转速传感器失灵时，预计将出现以下情况：DSC控制单元中有故障记录；检查控制信息。

如果修理后无法删除故障代码存储器的故障记忆，则按下列顺序操作。

① 在点火开关关闭时排除故障。

② 打开点火开关，然后删除故障代码存储器的故障记忆。

③ 关闭点火开关。

④ 等待5～10s，然后重新打开点火开关。

⑤ 重新删除故障代码存储器的故障记忆。

提示：指示灯和报警灯在出现某些故障时可能需要短暂试车后才可关闭。

5.9 制动摩擦片磨损传感器

5.9.1 传感器功能与原理

以左前车轮为例，左前制动摩擦片磨损传感器固定在左侧制动钳上，见图5-35。

制动摩擦片状态由DSC控制单元计算（制动压力、时间、温度）。通过制动摩擦片磨损传感器核实计算。

制动摩擦片磨损传感器有2个型号：1个坐标节点的和2个坐标节点的。

制动摩擦片磨损传感器是具有电阻测量功能的传感器。

制动摩擦片磨损传感器（左前和右后，在内部制动摩擦片上）提供制动摩擦片厚度辅助信息。

两级式制动摩擦片磨损传感器：通过辅助信息（2个坐标节点），将DSC计算值与实际磨损进行比较；坐标节点约在6mm和4mm处；制动摩擦片磨损极限约为3.7mm。

一级式制动摩擦片磨损传感器：如果导体电路已经被磨损，则会有约5%的制动摩擦片剩余厚度，这与约2500km的剩余里程相符。

临界制动摩擦片厚度将在组合仪表中通过保养周期显示（车况保养CBS）以及制动报警灯呈红色显示。

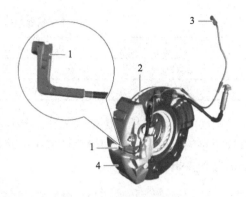

图5-35 磨损传感器位置

1—制动摩擦片磨损传感器；2—制动盘；
3—2芯插头连接；4—制动钳

5.9.2 传感器电路连接

两级式制动摩擦片磨损传感器的制动摩擦片磨损传感器分两级工作；在第2级中，另外集成了一个电阻，见图5-36；通过电压测量的变化，DSC识别到第2级。

DSC控制单元为制动摩擦片磨损传感器提供5V电压。

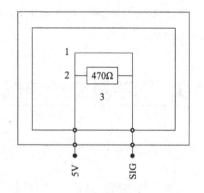

图5-36 制动摩擦片磨损传感器电路

1—坐标节点；2—坐标节点4mm（仅限2级式制动摩擦片磨损传感器）；3—电阻（仅限两级式制动摩擦片磨损传感器）

线脚布置：5V——供电5V；SIG——信号。

5.9.3 传感器测量方法及标准值

两级式传感器可以识别导线断路。识别功能激活后，直至摩擦片第2级磨损4mm处。如果导线直到此处断开，则DSC控制单元控制黄色制动报警灯亮起，见图5-37。

制动摩擦片磨损传感器具有的标准值见表5-7。

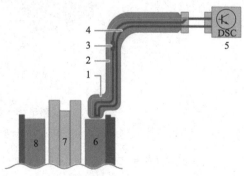

图5-37 测量方法

1—制动摩擦片磨损传感器；2—导体电路1；
3—导体电路2（带电阻）；4—导体电路3；
5—动态稳定控制系统（DSC）；6—内制动摩擦片；
7—制动盘；8—外制动摩擦片

表5-7 制动摩擦片磨损传感器的标准值

项目	数值	项目	数值
电压范围	0～5V	第2级电阻	∞
第1级电阻	470Ω	温度范围	-40～150℃

制动摩擦片磨损传感器失灵时，预计将出现以下情况：动态稳定控制系统内出现故障代码存储记录；DSC为组合仪表中的保养周期显示计算保养范围作为替代；断路时制动报警灯亮起。

注意：

制动摩擦片磨损传感器必须完好无损！

保养前部制动摩擦片和后部制动摩擦片时，只有通过一个未磨损的制动摩擦片磨损传感器进行复位。

5.10 制动真空传感器

5.10.1 传感器功能与原理

制动真空传感器插在制动助力器上，见图5-38。

图5-38 制动真空传感器

1—制动助力器；2—制动真空传感器；3—3芯插头连接

对于带手动变速箱的车辆，制动真空传感器用于发动机启动/停止自动装置。

即使在发动机已关闭时，也必须确保制动助力。为此制动助力器配备了一个制动真空传感器。此制动真空传感器连接在发动机控制单元上。

如果真空在定义的范围之外，则执行一次发动机自动启动，以便建立需要的真空。

在制动真空传感器中，一个膜片将真空转换成一个行程。这个行程由4个压敏电阻转换成电压信号，然后发送到发动机控制单元。

5.10.2 传感器电路连接

制动真空传感器通过一个3芯插头连接进行连接，见图5-39。制动真空传感器由发动机控制单元提供5V电压和接地。制动真空传感器的信号只用于发动机启动/停止自动装置。

5.10.3 传感器特性线及标准值

燃油压力的信息将通过一条信号线传输给发动机控制装置。燃油压力的有效信号根据压力变化而波动。测量范围为0.5～4.5V，对应于5～-105kPa（0.05～-1.05bar）的制动真空。传感器特性曲线如图5-40所示。

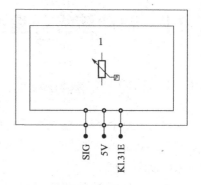

图5-39 真空传感器电路

1—制动真空传感器

线脚布置：SIG——制动真空信号；5V——5V供电电压；Kl.31E——总线端Kl.31，电子接地线。

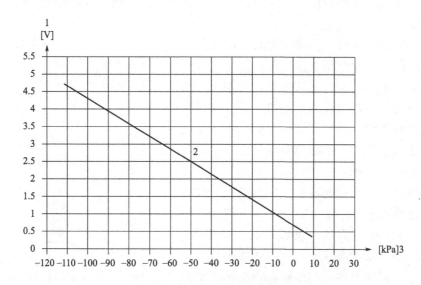

图5-40 传感器特性曲线

1—电压；2—特性线；3—制动真空

制动真空传感器具有的标准值见表5-8。

表5-8 制动真空传感器的标准值

项目	数值	项目	数值
电压范围	4.5～5.5V	响应时间	1ms
正常运行下的耗电	10mA	温度范围	-40～85℃

制动真空传感器失灵时，预计将出现以下情况：发动机控制单元中出现故障代码存储记录。

5.11 制动踏板行程传感器或制动踏板角度传感器

5.11.1 传感器功能与原理

通过直接的行程测量或通过角度测量，能够记录制动踏板行程和借助行程对串联式制动主缸的操纵，见图5-41。

存在以下不同的传感器：制动主缸上的制动踏板位移传感器；制动踏板上的制动踏板角度传感器。

制动踏板角度传感器也可以简单地称为制动踏板位移传感器。

制动踏板行程传感器以非接触方式检测制动踏板的行程。

当踩下制动踏板时，首先要越过一段响应行程。这时还没有执行液压制动干预，但是可以分析再生制动的响应行程。在再生制动过程中，混合动力驱动装置的电机作为发电机工作，从而可实现电机制动作用，同时还通过充电模式（发电机）给高压电池充电。这种制动能量回收方法称作回收或者再生制动。

如果越过响应行程继续踩下制动踏板，则液压制动就会引起再生制动。

以宝马F04车型为例，当踩下制动踏板时，制动主缸内的活塞就会移动，也会通过传动盘和挺杆使得永久磁铁移动。制动踏板行程传感器识别出永久磁铁的位置，在制动踏板行程传感器的电子分析装置中检测该位置，并且将其转发给DSC控制单元（DSC表示"动态稳定控制系统"）。

如果不再踩下制动踏板，则螺旋弹簧就会迫使永久磁铁重新回到其初始位置。

图5-41 行程传感器

1—制动主缸；2—永久磁铁在制动助力器中的安装位置；3—制动踏板行程传感器；4—4芯插头连接

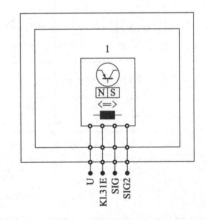

图5-42 传感器电路（宝马F04系列车型）

1—制动踏板行程传感器

5.11.2 传感器电路连接

通过4芯插头连接将制动踏板行程传感器连接在DSC控制单元上，见图5-42。制动踏板行程传感器是一个PLCD传感器（PLCD表示"永磁线性无接触位移测量"）。PLCD传感器将2个反相信号（介于0.5～4.5V之间的电压信号）发送给DSC控制单元。在磁铁的每一个位置中，这两个信号电压之和就是传感器的供电电压。

线脚布置见表5-9。

表5-9 线脚布置

线脚	说明	线脚	说明
Kl.31 E	总线端Kl.31，电子接地线	SIG2	连接到DSC控制单元的信号线2
SIG	连接到DSC控制单元的信号线	U	供电电压

5.11.3 传感器信号及标准值

具有3个线圈的铁磁芯体位于制动踏板行程传感器的内部。中间有一个初级线圈，两端各有一个次级线圈。这样就形成了具有发射器（初级线圈）和两个接收器（次级线圈）的传送器。制动助力器中的永久磁铁使得铁磁芯体中局部饱和。通过永久磁铁的位置影响传送到两个次级线圈。次级线圈中感应出的两个电压之比就是衡量永久磁铁位置的尺度，因此也是衡量制动踏板位置的尺度。DSC控制单元通过制动踏板行程传感器的信号输出端获得位置数据。传感器信号形成原理如图5-43所示。

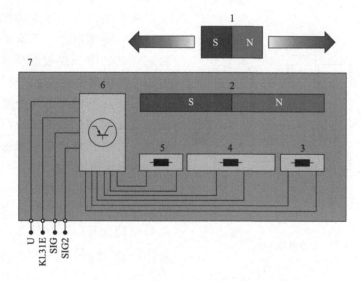

图5-43 传感器信号形成原理

1—制动助力器中的永久磁铁；2—铁磁芯体；3—次极线圈；4—初级线圈；
5—次级线圈2；6—电子分析装置；7—制动踏板行程传感器

脚位布置：Kl.31E——总线端Kl.31，电子接地线；SIG——信号输出端；SIG2——信号输出端2；U——供电电压。

制动踏板行程传感器具有的标准值见表5-10。

表5-10 制动踏板行程传感器的标准值

项目	数值	项目	数值
供电电压	5V	温度范围	−40～140℃
电流消耗	14～18mA		

5.11.4 传感器维修

如果制动踏板行程传感器失灵,预计将会有以下特性:DSC控制单元中有故障记录;组合仪表上出现检查控制信息。

无法利用诊断系统对制动踏板行程传感器进行功能检查。可通过诊断系统读取当前测量值和制动踏板的当前零位置。

有一个服务功能可用于初始化制动踏板行程传感器。完成以下工作之后,就应初始化制动踏板行程传感器:更新制动踏板行程传感器;更新DSC控制单元或DSC单元;更新串联式制动主缸。

5.12 制动压力传感器

5.12.1 传感器结构与原理

两个压力传感器安装在制动主缸的下部。压力传感器由两个陶瓷盘组成,制动总泵一侧的陶瓷盘根据制动压力移动,而对面的陶瓷盘则被固定,见图5-44。

极性互不相同的两个陶瓷盘根据因制动力变化而变化的距离检测随时变化的电荷量,并将其转换成电压值。制动器未启动时的电压值约为0.5V,见图5-45。

当制动器向右侧方向施加压力时,陶瓷盘将移向固定陶瓷盘方向,并依此得知电荷量的变化。制动器工作的时候,电压值在0.5~4.75V范围内进行线性变化,见图5-46。

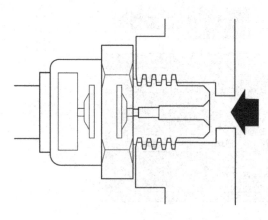

图5-44 压力传感器结构

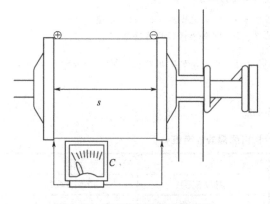

图5-45 未工作时的传感器电压

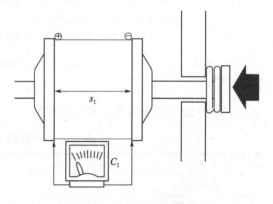

图5-46 工作时的传感器电压

5.12.2 传感器电路连接

安装在ESP系统上的两个压力传感器在打开工作开关的状态下接收来自ESP单元的5V电源。每个传感器的1号端子为传感器接地，传感器通过3号端子将输出电压输送到ESP单元，传感器电路连接见图5-47。未启动制动器的状态下该电压为0.5V，而在工作期间其电压在0.5～4.75V范围内呈线性变化。通过压力传感器的输出值驱动HBA（液压制动辅助系统）的条件如下。

- 压力传感器的压力为20bar以上。
- 压力传感器的压力变化值为1500bar/s以上。
- 车速在7km/h以上时。

满足上诉3项条件即可启动HBA系统。

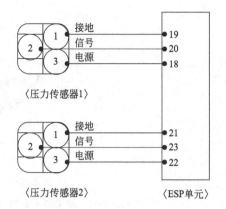

图5-47 制动压力传感器电路

5.13 转向阻力矩传感器

5.13.1 传感器功能原理

转向阻力矩传感器集成在转向轴上。

转向阻力矩传感器以数字方式检测驾驶员施加的转向阻力矩。工作范围为方向盘从极限位置到极限位置转动3圈。

关于转向阻力矩的信号被提供给电动助力转向系统使用。

扭杆通过转向阻力矩保持位置。同时扭杆把转向阻力矩传递到小齿轮上。转向阻力矩传感器的功能基于磁阻原理。为充分使用这种效果，当磁场发生变化时，将得到电阻变化值。从磁阻元件中会产生不同的电压信号。将这些信号导入EPS控制单元。EPS控制单元使用这些信息对不断提升的助力扭矩进行计算。

图5-48所示为转向阻力矩传感器（以宝马F15为例）。

图5-49所示为以宝马I01为例显示转向阻力矩传感器。

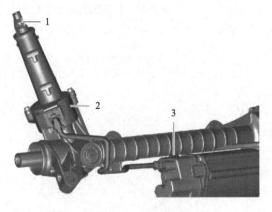

图5-48 转向阻力矩传感器（宝马F15）

1—带扭转弹簧的小齿轮；
2—转向阻力矩传感器；
3—与EPS控制单元之间的插头连接

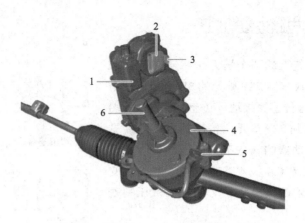

图5-49 转向阻力矩传感器（宝马I01）

1—具有伺服马达的EPS单元和EPS控制单元；2—插头连接（电源）；
3—至车载网络的插头连接；4—转向阻力矩传感器；5—电位补偿导线；6—输入轴

5.13.2 传感器电路连接

转向阻力矩传感器通过一个插头连接与EPS控制单元连接，见图5-50。转向阻力矩传感器由EPS控制单元提供接地。

根据车型系列，此插头连接为6芯（占用2个线脚）或5芯（占用5个线脚或3个线脚）。

根据系统供应商的不同，在转向阻力矩传感器和EPS单元之间可能连接了多条信号线。

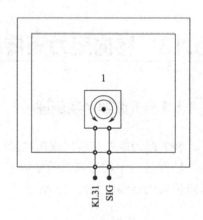

图5-50 转向阻力矩传感器

1—转向阻力矩传感器

线脚布置：Kl.31——转向阻力矩传感器接地连接；SIG——转向阻力矩传感器信号。

5.14 转向角度传感器

5.14.1 传感器功能与原理

该传感器在转向柱锁开关和方向盘之间的转向柱上，部件见图5-51。安全气囊的带滑环的回位环集成在该传感器内且位于该传感器下部。

该传感器将方向盘的转角信息传递给带EDS/ASR/ESP的ABS控制单元。角度的变化范围为±720°，也就是说，方向盘转四圈。

角度的测量是通过光栅原理来实现的。

传感器的基本构件有光源a、编码盘b、光学传感器c、d、计数器e，用于传递转动的圈数。编码盘由两个环构成，一个是绝对环，一个是增

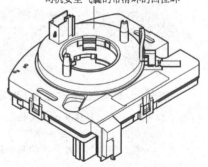

图5-51 转向角度传感器

量环。每个环由两个传感器进行扫描。传感器结构见图5-52。

为了简化结构，将两个带孔蔽光框放在一起，件1是增量蔽光框，件2是绝对蔽光框；在两个蔽光框之间有光源3，其外侧是光学传感器4、5，见图5-53。

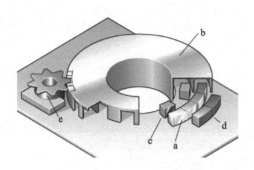 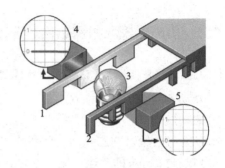

图5-52　传感器结构　　　　　　　　图5-53　传感器组成
a—光源；b—编码盘；c,d—光学传感器；　　1—增量蔽光框；2—绝对蔽光框；3—光源；
　　　　　　e—计数器　　　　　　　　　　　　　　　4,5—光学传感器

如果光透过缝隙照到传感器上，就会产生一个信号电压；如果光源被遮住，这个电压就又消失了。原理见图5-54。

如果移动蔽光框，就会产生两个不同的电压。增量传感器传送一个均匀的信号，就说明间隙是均匀分布的；绝对传感器传送一个不均匀信号，就说明间隙是不均匀分布的。原理见图5-55。

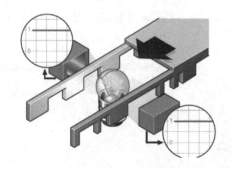 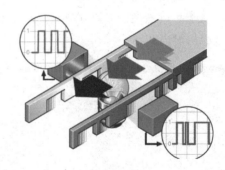

图5-54　传感器工作原理（一）　　　　图5-55　传感器工作原理（二）

系统通过对比这两个信号，就可计算出蔽光框移动的距离，于是就确定了绝对部件运动的起始点。

转向角传感器的工作原理与此相同，只是运动变成了旋转运动。

5.14.2 传感器电路

G85是ESP系统中唯一直接通过CAN总线将信息传递给控制单元的传感器。只要方向盘转角达到4.5°，接通点火开关后，该传感器就开始初始化，这相当于转动了约1.5cm。传感器电路连接如图5-56所示。

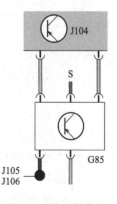

图5-56　传感器电路

如果缺少转向角传感器的信息，ESP就无法得知所需要的行驶方向，ESP功能就失效了。

在更换了控制单元或传感器后，须重新校准起始位置（零位）。

5.14.3 传感器校准和初始化

(1) 保时捷911、997转向角度传感器初始化和校准

① 转动方向盘至直行位置。

② 启动发动机。

③ 从直行位置，向左和向右分别转动方向盘约20°（通过直行位置）。

④ 以超过6km/h的车速在直行方向驱动车辆至少3s。

初始化成功之后，存放的故障代码将从故障记忆中清除。组合仪表中的PSM指示灯熄灭。初始化完成后，不得断开蓄电池，不得拆下相关熔丝且不得欠压。否则，必须再次进行初始化。

(2) 大众转向角度传感器G85设定方法

当出现下列情况之一时，需要对转向角度传感器-G85进行基础设定。

- 断开蓄电池电缆线或蓄电池电压过低时。
- 更换带滑环的复位环或电动机械式转向助力器后。
- 由于其他因素导致组合仪表中转向助力警告灯、ABS警告灯、防侧滑警告灯和胎压警告灯点亮，且在03和44系统故障存储器内储存如图5-57、图5-58所示的故障代码时。

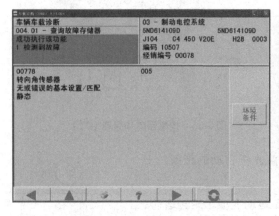

图5-57 制动电控系统故障代码

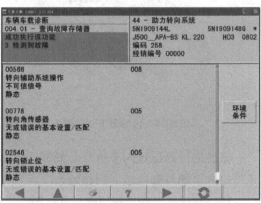

图5-58 助力转向系统故障代码

① 对转向角度传感器-G85的基本设定

a.打开点火开关（注意：不要启动发动机），使用VAS6150B检测仪，通过自诊断进入到地址码44后，选择并读取测量数据块第7组中第一区的角度数值，该数值必须为0.00°。如果大于或小于该数值，则可通过向左或向右转动方向盘进行修正。

b.在将数值调为0.00°后，首先进入地址码03，操作方法：03 → 015 → 40168 →

006→060→激活，见图5-59。

c. 在上述操作成功后，接着进入地址码44。操作方法：44→015→40168→006→060→激活，见图5-60。

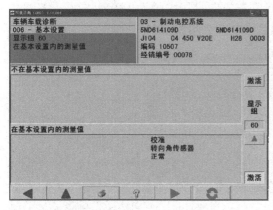

图5-59　进地址码03操作界面　　　　图5-60　进地址码44操作界面

② 对转向锁止位的基本设定与匹配

a. 将车辆以低于20km/h的速度行驶，并找正方向。

b. 当前轮保持在直线行驶状态后停车，发动机处于怠速工况，将方向盘向左转到极限位置并保持住，在仪表发出3声提示声音后，再将方向盘向右转到极限位置并保持住，在仪表发出3声提示音后，回正方向盘。

此时，仪表中的电动助力转向报警灯熄灭，由此表示基本设定与匹配成功完成。

5.14.4　传感器故障案例

 故障现象

奥迪A4L 2.0T车型ESP故障灯报警。该车为事故车，拆装过G85以及转向柱十字轴，将原车零件装配好后出现此故障。

故障诊断

① 用5052检测，ABS与转向柱控制单元得出故障码为00778 014转向角传感器-G85故障。

② 根据引导性故障查寻往下操作，5052指示进行G85初始化，但初始化完成后，故障码还是存在，初始化失败。03 ABS系统单元测量值5组1区为0.00°（图5-61）。

③ 用5052进入16方向盘电子控制单

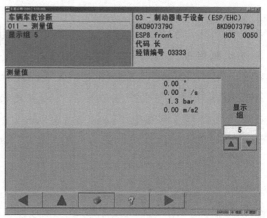

图5-61　数据流读取

元观察测量值数据块，并将其记录好。再进入另一台正常车的方向盘电子控制单元观察测量值也将其记录好。

④ 通过仔细观察并比较测量值数据块，终于发现了异常。31组测量值不论转动方向盘在任何角度都是819.09°（图5-62），而正常车方向盘居中时为0.00°，向左右打尽为±522.07°（图5-63），故障车在没有转动方向盘时怎么会测量出819.09°呢？

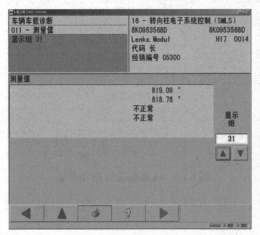

图5-62　故障车辆转向角度

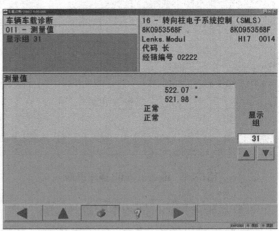

图5-63　正常车辆转向角度

⑤ 将G85传感器拆下并分解，观察到内部光电传感器的驱动机械臂已经滑出螺旋导轨的外面。将驱动机械臂重新摆正到中心点后，将G85重新装配好。装车后再观察31组测量值，仍然为819.09°。

⑥ 判定G85已经损坏，并且无法修复，需更换。但是原车的G85传感器只是简单的一拆一装怎么会突然间就损坏了呢？再次将G85传感器分解并仔细观察；终于发现异常，在G85传感器内部中心的导轨总共只有4圈的角度，即光电传感器驱动机械臂只能往右转两圈或往左转两圈，就到了导轨的尽头了。但是G85传感器内部的螺旋线圈却总共有约6圈的角度，即螺旋线圈会在方向盘往右转3圈或往左转3圈后才会停止住、不能再转动。

⑦ 根据观察得出结论。故障车G85传感器在装车时，维修技师根据以往的经验进行了G85传感器的判定中间点的操作（俗称为分中），即往右转动到尽头再往左转动到尽头，最后转动到中间位置后，再将其装到转向柱上；但是G85传感器内部光电传感器的驱动机械臂在转动到两圈（即720°）时，已经走到尽头，并脱离导轨，而螺旋线圈会转动到3圈（即1080°）才会停止；这样操作就会使G85传感器内部的电脑产生一个错误的超范围测量值，从而产生故障码"转向角传感器损坏"；该故障码无法清除，只能更换G85传感器和方向盘电子控制单元J527；但是在正常使用的车辆上就不会出现此项故障，因为转向机构的机械设计使方向盘只能往右或往左转动约1.5圈（即约540°）就会不能再转动方向盘了。

更换G85传感器和方向盘电子控制单元J527后故障排除。

> **维修小结**

在拆装 A4L、A5、A8L、Q5 车上的新款 G85 转向角度传感器时，必须在拆卸前将方向盘转动到直行位置，并且做好记号；装车时必须在直行位置时装配，并且严禁进行分中操作，以免人为损坏 G85 传感器，增加维修成本。

5.15　横向加速度传感器

5.15.1　传感器功能与原理

由于物理方面的原因，该传感器应尽量与汽车重心离得近一些，因此，该传感器装在司机座椅下。

G200 用于接收是否有侧向力及该侧向力的大小的信息，这个侧向力总是试图使车脱离原行驶路线。传感器外观如图 5-64 所示。

简单地说，横向加速度传感器由一块永久磁铁 1、一个弹簧 2、一个阻尼盘 3 及一个霍尔传感器 4 组成（图 5-65）。

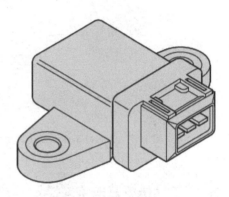

图 5-64　横向加速度传感器

永久磁铁、弹簧及阻尼器构成了一个磁力系统。该磁铁与弹簧牢固地捆在一起，并可由阻尼盘来回摇动。

当横向加速度 a 作用到车上时，永久磁铁也会有相应运动，但因惯性原因，这个运动要稍迟发生。也就是说，阻尼盘与传感器壳体及整车一同偏离永久磁铁（该磁铁先前处于静止状态）。原理见图 5-66。

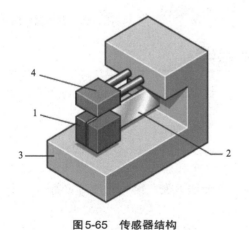

图 5-65　传感器结构

1—永久磁铁；2—弹簧；3—阻尼盘；
4—霍尔传感器

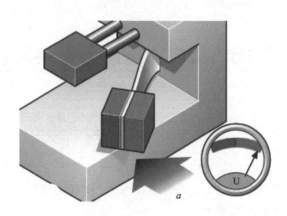

图 5-66　传感器工作原理（一）

这个运动会在阻尼盘内产生电涡流，而电涡流又会产生一个与永久磁铁磁场极性相反的磁场。因此，总磁场的强度就被削弱了，这会使霍尔传感器的电压改变，电压的变化是与横向加速度的大小成比例的。原理见图5-67。

也就是说，阻尼器与磁铁之间的运动幅度越大，磁场强度就削弱得越厉害，霍尔传感器电压变化得就越明显。如果没有横向加速度，则霍尔传感器电压保持恒定。原理见图5-68。

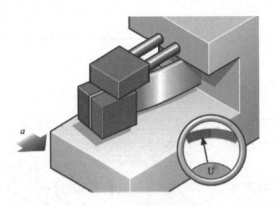

图5-67 传感器工作原理（二）

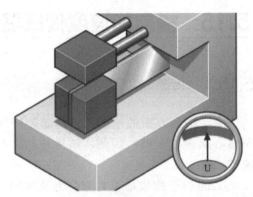

图5-68 传感器工作原理（三）

5.15.2 传感器电路连接

横向加速度传感器通过三根导线与控制单元J104相连，见图5-69。

如果缺少横向加速度信息，控制单元就无法计算出车辆的实际状态，ESP也就失效了。

在诊断过程中会确定导线是否断路及是否对正极/地短路。系统会进一步确定传感器是否损坏。

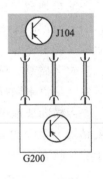

图5-69 传感器电路

5.16 横向加速度与偏转率传感器

5.16.1 组合式传感器介绍

横向加速度传感器G200与偏转率传感器G202这两个传感器装在一个壳体内。优点是安装尺寸小，两传感器彼此可精确调整，调整后就无法改变，结构更牢靠。部件外观如图5-70所示。

部件都装在一个印制电路板上，按微机械原理工作；通过一个六脚插头连接进行连接。

按电容原理对横向加速度进行测量。

偏转率是通过测量科氏（coriolis）加速度而获得的。例如，站在北半球水平开炮时，对于正在与地球一同旋转的观察者来说，炮弹看起来是偏离直线的；原因就是炮弹受到了一个力的作用，该力逆着地球旋转方向使炮弹加速并偏离直线方向，这个力就叫科氏（coriolis）力（图5-71）。

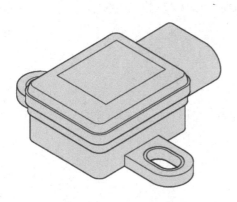

图5-70 组合式传感器

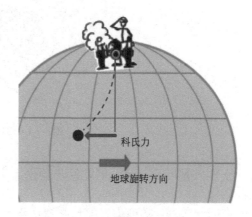

图5-71 科氏力的产生

5.16.2 横向加速度传感器结构与原理

横向加速度传感器是组合传感器印制电路板上的一个极小的部件。

我们可以这样简单粗略地描述其结构，放好质量可动的电容器片，使它能来回摆动；两个固定安装的电容器片围住了可动的电容器片，这样就形成了两个串联电容器K1和K2（图5-72）。

借助电极就可以测量出这两个电容器容纳的电荷量，这个电荷量就叫电容C。

如果没有加速度作用在这个系统上，那么测出来的两个电容器的电荷量C_1和C_2就是相等的。

若作用有横向加速度，那么可移动质量就会因惯性而作用到中间板上，即它顶着固定板并逆着加速度方向移动。于是两板之间距离就改变了，相应的分电容器的电荷量也增加了。原理见图5-73。

对于电容器K1，若其两板间距离变大，那么其电容C_1就变小。对于电容器K2，若其两板间距离变小，那么其电容C_2就变大。原理见图5-74。

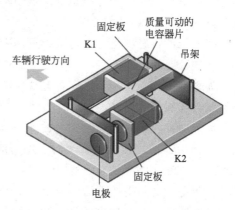

图5-72 横向加速度传感器结构

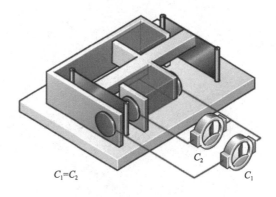

图5-73 传感器原理（一）

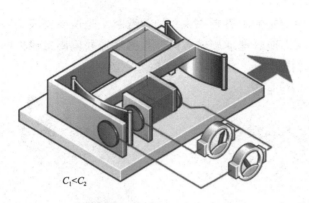

$C_1<C_2$

图5-74 传感器原理（二）

5.16.3 偏转率传感器构造与原理

在同一板上，还有偏转率传感器，该传感器与横向加速度传感器在空间上是分开的。为了使读者易懂，这里只作简要说明。在恒定磁场的南极和北极之间的托架内放一个可摆动的质量块，在这个质量块上装一个导电轨道，这个轨道用以代替真正的传感器（图5-75）。

在真正的传感器上，为保险起见，有两个这样的结构。

如果接上交流电压U，那么支撑导电轨道的托架就会在磁场内摆动。

如果现在有旋转加速度作用在此结构上，那

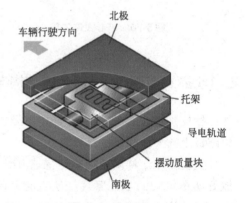

图5-75 传感器结构

么由于惯性作用，摆动质量块的状态与前述的炮弹是一样的。就是说，由于出现了科氏加速度，质量块偏离了来回的直线摆动。原理见图5-76。

由于这一切都是发生在磁场内的，因此导电轨道的电气性能就改变了。测量出这个变化就知道了科氏加速度的大小和方向，电子装置根据这个值即可计算出偏转率的大小。原理见图5-77。

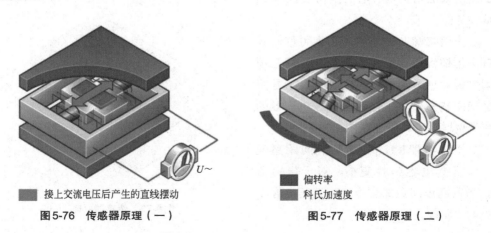

■ 接上交流电压后产生的直线摆动

图5-76 传感器原理（一）

■ 偏转率
■ 科氏加速度

图5-77 传感器原理（二）

第 6 章
驾驶与驻车辅助系统传感器

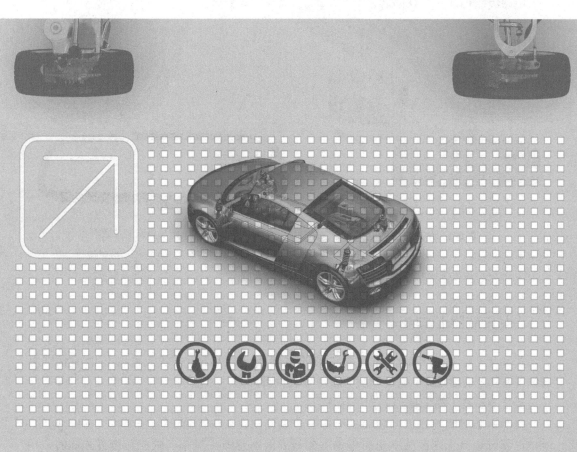

6.1 磁场传感器

6.1.1 传感器安装位置

以宝马车型为例，2006年9月之前的磁场传感器安装在镜脚内；2006年9月之后的磁场传感器安装在线路板上。

6.1.2 传感器组成部件

2006年9月之前，磁场传感器的组成包括2个电磁线圈、线路板、连接线路板的磁场传感器插头连接，见图6-1。

2006年9月之后，磁场传感器由3个电磁线圈组成，见图6-2。

电磁线圈拥有一个铁磁芯。

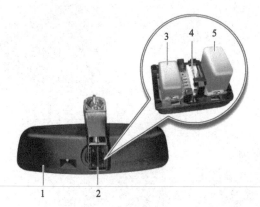

图6-1　传感器结构

1—车内后视镜；2—磁场传感器；3—电磁线圈1；4—插头连接；5—电磁线圈2

图6-2　传感器安装位置

1—车内后视镜；2—线路板上的磁场传感器

6.1.3 传感器工作原理

2006年9月之前电磁线圈检测二维的地磁场（2个方向：纵向轴线和横向轴线）。2006年9月之后通过3个电磁线圈以三维方式检测。

测量方法基于感应原理并如下操作。

每个电磁线圈都是振荡电路的一部分。振荡电路由一个线圈和一个冷凝器组成。振荡电路执行电气振荡。振荡电路根据电磁线圈的电感改变频率。铁磁芯慢慢饱和时，电感发生变化。地磁场不足以使铁磁芯达到饱和状态。因此，始终为电磁线圈供应保持不变的直流电。这样就能使变化后的振荡电路频率与变化后的外部磁场相一致。

接着，从电磁线圈测得的磁场强度中计算出磁场方向。

6.2 接触识别传感器

6.2.1 传感器功能与原理

接触(触摸)识别传感器是行车助手系统的组成部分。借助电容式传感器,系统感应驾驶员的手是否位于方向盘外圈上,见图6-3。

只有手在方向盘外圈上才能被识别。手在方向盘辐上或挡板上不予识别。

如果未识别到驾驶员的手位于方向盘外圈上,则作为光报警亮起相应的堵车助手指示灯。如果之后未在一定时间内识别到手重新位于方向盘外圈上,则除了光报警外,还将激活声音报警。此外,堵车助手系统禁用。

触摸识别传感器由一个带电容式传感器的垫子组成。在方向盘外圈中集成的电容式感应垫与触摸识别功能电子装置中的电子分析装置连接。通过电容变化,系统识别手是否位于方向盘外圈上。电子分析装置探测电场的变化,并确定相应的状态。

触摸识别功能电子装置周期性通过LIN总线发送状态信息到相应的控制单元。

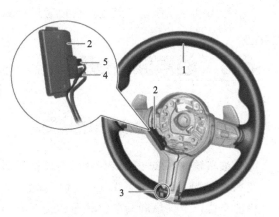

图6-3 传感器安装位置

1—触摸识别功能传感器(由一个带电容式传感器的垫子组成,只有概要图);2—接触识别系统电子装置;3—管接口(带电容式传感器的垫子和触摸识别功能电子装置);4—3芯插头连接(连接电线束和局域互联网总线);5—2芯插头连接(连接触摸识别功能传感器)

6.2.2 传感器电路连接

触摸识别传感器通过2芯插头连接与触摸识别电子装置连接,见图6-4。

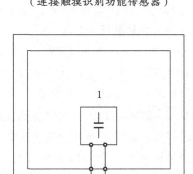

图6-4 传感器电路

1—接触识别传感器

线脚布置:SIG+——信号线,正极,SIG-——信号线,负极接头。

6.2.3 传感器标准值与功能检查

触摸识别传感器具有的标准值见表6-1。

表6-1 触摸识别传感器的标准值

参数	值
电压范围	9~16V
温度范围	-40~85℃

触摸识别传感器失灵时,预计将出现以下情况。

故障记录存在于什么控制单元内（取决于车型系列）：转向柱开关中心（SZL），如宝马F01、F10车型；车身域控制器（BDC），如宝马F15车型。

行车助手系统自动禁用，可以通过诊断系统对触摸识别传感器进行功能检查。

6.3 超声波传感器

6.3.1 传感器功能与原理

泊车辅助系统（连接有驻车距离报警系统PDC的特种装备SA 5DP）帮助驾驶员寻找泊车位以及在纵向的车位驻车。传感器外观如图6-5所示。

泊车辅助系统由PMA控制单元和2个测量车位的超声波传感器组成。由电动机械式助力转向系统（EPS）执行驻车控制单元计算出的转向运动。

宝马F0x、F1x系列车型：超声波传感器安装在左右辅助转向灯中。

宝马F2x、F3x系列车型：超声波传感器安装在左右两侧的保险杠中。

两个超声波传感器的功能与驻车距离报警系统（PDC）的超声波传感器的功能类似。这些超声波传感器发射超声波脉冲。这些超声波脉冲被反射（回声脉冲）。超声波传感器接收并放大这些回声脉冲。接着这些被放大过的回声脉冲被转换成一种数字信号。然后由PMA控制单元分析信号。这样就可以在动态稳定控制系统（DSC）行程信息的帮助下计算得出泊车车位的长度和宽度。

每个超声波传感器都有一套自己的电子装置以及自己的一根连接PMA控制单元的数据导线。

PMA控制单元在打开点火开关时将当前的车辆数据提供给超声波传感器（工作存储器）。超声波传感器被PMA控制单元置于组合收发模式或纯接收模式。

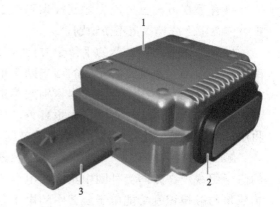

图6-5 超声波传感器

1—超声波传感器；
2—去耦元件；
3—3芯插头连接

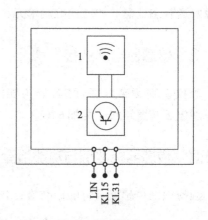

图6-6 传感器电路

1—发送及接收装置（压电陶瓷）；
2—带有电子分析系统的电子芯片

线脚布置：LIN——LIN总线；Kl.31——总线端Kl.31，接地端。

6.3.2 传感器电路连接

两个超声波传感器的电气性能和几何尺寸是一致的。超声波传感器有下列开启角度：水平方向60°；垂直方向30°。

超声波传感器的作用范围为4.5m。

两个超声波传感器共同拥有一个接地线和一根连接至PMA控制单元的LIN总线，见图6-6。

6.3.3 传感器测量方法及标准值

超声波传感器由PMA控制单元供电。传感器信号形成原理见图6-7。

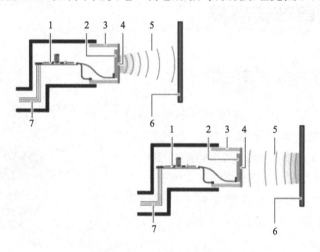

图6-7 传感器内部结构

1—电子模块（包括内存）；2—压电陶瓷；3—去耦元件；4—膜片；
5—超声波；6—障碍物；7—插头连接

超声波传感器具有的标准值见表6-2。

表6-2 超声波传感器的标准值

项目	数值	项目	数值
供电电压	9～16V	膜片衰减时间	约1.2ms
超声波频率	50kHz	温度范围	−40～85℃
可达里程	450cm		

6.3.4 传感器维修

在超声波传感器失效时，预计将出现以下情况：泊车辅助系统（PMA）中有故障记录；组合仪表上出现检查控制信息。

更换PMA控制单元或超声波传感器后无需试运行，但控制单元会在每期启动时检查传感器的软件是否与控制单元软件兼容。如果不兼容，则在PMA控制单元中会出现一个相应的故障代码。这种情况下必须执行服务功能更新超声波传感器的软件。

PMA控制单元自行监控故障并在需要时记录相应的故障记录。特殊情况下无法记录。控制单元在下列情况下无法进行识别：超声波传感器（包括密封环）安装或放置错误时；超声波传感器区域中的侧围损坏时。这可能导致下列无故障记录的客户投诉。

① 只能识别很少的小型车位。

② 在驻车时，车辆非常靠近或非常远离前方车辆。

③ 在驻车后，车辆与路缘距离很远或非常贴近。

④ 车辆斜着停放在车位上。

这种情况下必须正确安装超声波传感器并且检查超声波传感器区域的侧围是否损坏。

6.4 车距调节传感器

6.4.1 传感器结构和安装位置

车距调节传感器G259+车距调节控制单元428结构：传感器和控制单元安装在同一个壳体内，如果传感器/控制单元有故障，则必须整体更换这个总成。传感器与控制单元部件如图6-8所示。

通过支架上的转接板来进行安装和调整，该支架用螺栓拧在保险杠支架的中央位置。

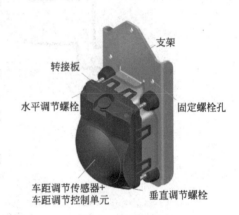

图6-8 传感器结构

6.4.2 传感器工作原理

车距调节传感器G259发射出调频信号，然后接收反射回来的信号。车距调节控制单元J428处理这些雷达信号以及其他输入信号。

从这些信号中就可确定：雷达视野中出现的物体哪一个是相关的前车（既本车按其调节车距的那台车）。于是前车的位置和车速以及当前的车距就可确定了。

从这些数据中可以得出应如何来进行调节，调节数据被发送到多点喷射控制单元J220、自动变速器控制单元J217以及ESP控制单元J104上。

这些数据是经过车距调节CAN总线和数据总线诊断接口J533（网关）传送到驱动CAN总线上的。

6.5 远距离传感器

6.5.1 传感器功能与原理

LRR表示远距离雷达。远距离传感器连同两个近距离传感器一起用于带自动熄火启动功能的自适应巡航控制系统。

远距离传感器（以前的ACC传感器）是一个雷达传感器。远距离传感器同时还是一个控制单元。因此远距离传感器具有一个控制单元地址，并具有诊断和编程功能。传感器实物如图6-9所示。

远距离传感器探测运动的目标的距离、角度以及速度。探测范围为车辆前最多150m。在ICM控制单元中，将对这些数据进行处理。

如配备了带自动熄火启动功能的自适应巡航控制系统，则ICM控制单元将承担以下任务。

① 汇总雷达传感器传送的目标数据。

② 分析目标并选择与定距控制相关的目标。

③ 分析操作信号并生成显示信号。

④ 调节速度和距离。

⑤ 生成标准值并通过FlexRay输出到驱动装置和制动器的执行器。

⑥ 监控所有输入信号、控制单元（硬件）以及车辆状态是否有故障或不可信的状态。

图6-9 远距离传感器

1—LRR控制单元；2—32芯插头连接；3—支架

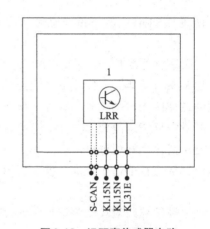

图6-10 远距离传感器电路

1—LRR控制单元

6.5.2 传感器电路连接

远距离传感器（LRR）通过一体式底盘管理系统（ICM）连接在S-CAN（传感器CAN）上。近距离传感器通过同一个S CAN与ICM连接。前部配电器通过总线端Kl.15N为LRR控制单元供电。传感器电路连接如图6-10所示。

6.5.3 传感器标准值与诊断

LRR控制单元具有下列标准值。

① 供电电压：9～16V。

② 温度范围：-40～80℃。

与LRR控制单元的通信失灵时，进行标准检测（整体测试模块）。存在某个控制单元内部故障时，预计将出现以下情况：主动式定速控制（LRR）控制单元内出现故障代码存储记录；组合仪表上出现检查控制信息。

在达到ACC的功能极限时，可能会出现驾驶员不能理解的系统状态。

6.6 近距离传感器

6.6.1 传感器功能与原理

为配备自动熄火启动功能的自适应巡航控制系统（ACC）安装了两个相同的近距离传感器。这些传感器用一个塑料固定夹安装在前保险杠支架上（在保险杠之后，不可见），见图 6-11。

近距离传感器将执行以下任务：探测车辆前面从 2m 到大约 24m 近距离内的目标；计算位置和运动数据；将这些计算出的数据的列表输出至一体式底盘管理系统（ICM）。

在有些市场（例如日本），由于许可限制，所提供的 ACC 是不带自动熄火启动功能的。

近距离传感器是一种雷达传感器。

近距离传感器用于探测道路边缘处相对较宽的锥形区域内的车辆和物体。但是该锥形区域最多只能延伸到大约 20m 的距离。

近距离传感器通过以下属性对每一个所测得的目标进行描述：距离、横向位置、相对速度。

这些属性被归纳在一个清单，通过一条自己的总线——传感器 CAN（S-CAN），提供给 ICM 以进行进一步处理。

近距离传感器由接线盒内的配电器供电（总线端 Kl.15N）。传感器未连接在唤醒导线上。一体式底盘管理系统（ICM）经 S-CAN，通过相应的信息唤醒近距离传感器。

近距离传感器为智能型传感器，它能自行监控自己的功能能力。可能出现的故障状态将被存储在 ICM 内。近距离传感器无法直接通过诊断系统进行响应。

6.6.2 传感器电路连接

近距离传感器由以下各部分组成：壳体；发射通道，用于发送雷达波束；接收通道，用于接收雷达波束；电子分析装置。传感器电路连接如图 6-12 所示。

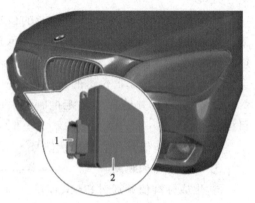

图 6-11 近距离传感器

1—6 芯插头连接；2—近距离传感器

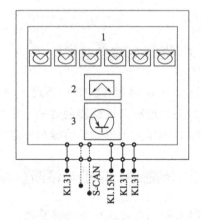

图 6-12 传感器电路

1—发射通道；2—接收通道；
3—带有电子分析系统的电子芯片

脚位说明：Kl.31——接地端；S-CAN——传感器 CAN 总线信号；Kl.15N——供电电压；Kl.31——接地端：左侧近距离传感器未使用；Kl.31——接地端：右侧近距离传感器已使用（右侧设码）。

在电线束内,左侧传感器的线脚5、右侧传感器的线脚6分配给接地。这样,安装位置便已进行了设码,该设码必须在计算目标数据时加以参考。

6.6.3 传感器特性曲线和标准值

如要发挥自适应巡航控制系统及自动熄火启动功能的全部效用,则还需要一个远距离传感器。由这3个传感器的测量值可得出图6-13所示调节曲线。

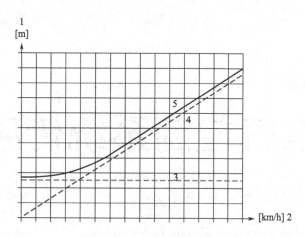

图6-13 传感器特性曲线

1—额定距离;2—行驶速度;3—额定距离(静止状态下的部分,常数);
4—额定距离(行车中的部分,与行驶速度成比例);5—从行车和静止部分所得出的额定距离

近距离传感器具有的额定值见表6-3。

表6-3 近距离传感器的额定值

项目	数值	项目	数值
供电电压	9～16V	发射功率	约0.08mW(平均值);约100mW(一个脉冲)
水平视角	±60°	温度范围	-40～80℃
垂直视角	±20°	最大电流消耗	500mA
平均发射频率	24GHz		

在近距离传感器失效时,预计将出现以下情况:ICM内出现故障代码存储记录;ACC在近距离内不能进行调节;输出组合仪表中的检查控制信息。

更换近距离传感器时,安装时要注意准确的安装位置,按照维修说明进行操作。不需要进行类似于远距离传感器的设置或者在ICM内重新存入传感器的安装角度。

注意以下服务功能。

①服务功能→底盘→自适应巡航控制系统→调整远距离传感器。

②服务功能→底盘→自适应巡航控制系统→调整近距离传感器。

第 7 章
车身电气控制系统传感器

7.1 雨天/行车灯/雾气/光照传感器

7.1.1 传感器应用组合与安装位置

根据车型系列和车辆装备，采用不同规格的传感器。例如，雨天/光照传感器；光照传感器；日照/雾气传感器；雨天/行车灯/光照传感器，带HUD传感器系统（HUD表示平视显示系统）；雨天/行车灯/雾气/光照传感器，带/不带HUD传感器系统。

目前安装的是第3代和第4代传感器。

在传感器中，以下传感器和元件合并成一个部件。

① 晴雨传感器：晴雨传感器由3个单独的传感器组成，它们呈半圆状排部在行车灯传感器周围，探测挡风玻璃上的降水量。

② 光线传感器：光线传感器由2个探测环境亮度和前部光线亮度的光电二极管组成。2008年9月之前：如果车辆装备平视显示系统，则由一个改良型的前部光线光照传感器调节平视显示系统亮度。

自2008年9月起：如果车辆装备平视显示系统，则由一个独立的光电二极管调节平视显示系统亮度。

③ 光照传感器：光照传感器由2个测量驾驶员侧和前乘客侧阳光照射强度的光电二极管组成。

④ 雾气传感器：雾气传感器令自动恒温空调（IHKA）能够在驾驶员之前，及早识别出车窗玻璃上的雾气；由此可尽早采取应对措施，而不需要由驾驶员介入；雾气传感器只在自动恒温空调的自动程序中激活。

根据车型系列，雨天/行车灯/雾气/光照传感器通过LIN总线与下列控制单元之一连接：接线盒电子装置（JBE），如F01；前部车身电子模块（FEM），如F30；车身域控制器（BDC），如F15、F56、I01。

雨天/行车灯/雾气/光照传感器安装在镜脚内。传感器位于挡风玻璃刮水器的刮水区中。传感器由一个止动弹簧嵌在定位板上。固定板牢固地粘贴在挡风玻璃内侧。传感器和挡风玻璃之间有凝胶。硅凝胶在外观上将传感器连接在挡风玻璃上。

传感器由前部分电器供电。传感器信号通过数据总线传输。

图7-1所示为一个第3代雨天/行车灯/雾气/光照传感器。

图7-1 第3代雨天/行车灯/雾气/光照传感器
1—雨水/光线/光照传感器；
2—柔性线路板（带有雾气传感器）

7.1.2 雨水传感器组成与原理

晴雨传感器是一个光学传感器，由一个光学元件组成。此外集成了一个电子单元。

除了电子分析装置，电子单元中还集成了三个光学发射二极管和三个接收二极管。发射二极管和接收二极管在红外光谱区工作。

雨量传感器借助发射二极管和接收二极管分析挡风玻璃的反射率。通过成对汇总发射二极管和接收二极管的信息，得出测量距离。通过该测量距离可识别出降雨强度。

7.1.3 光线传感器组成与原理

光线传感器同样是光学传感器，由两个光电传感器和相应的电子分析装置组成。一个在红外光谱区工作的光电传感器对准前方，探测从前部射来的光线（前部光线）。另一个传感器是一个主要在可见光谱区工作的二极管，它对准上方并记录从上方射来的光线（环境光线）。

带平视显示系统的车辆：2008年9月前，由一个改进型光线传感器调节平视显示系统的亮度；自2008年9月起，由光线传感器中一个独立的光电二极管调节平视显示系统亮度。

7.1.4 光照传感器组成与原理

光照传感器由两个光电传感器组成。光电传感器在红外光谱区中工作。光照传感器负责自动恒温空调（IHKA）的功能范围。光照传感器测量车辆的阳光照射情况。这时分开记录驾驶员侧和前乘客侧的阳光照射情况。

7.1.5 雾气传感器工作原理

雾气传感器间接发现车窗水雾。这意味着雾气传感器测量产生车窗水雾的框架条件。雾气传感器测量挡风玻璃上的相对湿度以及车厢内部挡风玻璃的温度。雾气传感器中的电子分析装置分析信号，然后通过数据接口（LIN总线）发送数据作为信息。雾气传感器负责自动恒温空调（IHKA）的功能范围。

7.1.6 传感器应用网络

前部车身电子模块（FEM）作为主控制单元负责外部照明功能。该单元可以激活或停用某个照明功能。车辆外部照明根据多个输入信号（如来自光线传感器的信号）实现自动控制，同时可以通过车灯操作单元手动打开或关闭。

脚部空间模块（FRM）是外部照明和车内照明灯功能的主控制单元。它决定必须激活或停用哪个照明功能。脚部空间模块（FRM）分析光线传感器的信号。接线盒电子装置（JBE）将传感器信号作为CAN信息输出至脚部空间模块（FRM）。

装备有前端电子模块（FEM）的车辆：脚部空间模块（FRM）的功能集成在前部车身电子模块（FEM）中。

有的车型由车身域控制器（BDC）作为主控制单元负责外部照明功能。

在接线盒电子装置（JBE）中合并了许多功能。所以接线盒电子装置（JBE）反复准备信号，并将其提供给总线系统中其他的总线用户使用。

接线盒电子装置（JBE）通过局域互联网总线采集雨天/行车灯/雾气/光照传感器的信号。接线盒电子装置（JBE）为总线系统中的其他总线用户提供信号。

接线盒电子装置（JBE）是所有刮水功能以及清洗功能的中央控制单元。接线盒电子装置（JBE）通过数据总线发送当前的清洗请求。例如，刮水器马达中的电子装置读取此要求，并启动相应的刮水器挡位。

装备有前端电子模块（FEM）的车辆：接线盒电子装置（JBE）的功能集成在前部车身电子模块（FEM）中。

中央网关模块（ZGM）的任务是将所有总线系统彼此连接在一起。通过链接可以共同使用来自各总线系统的信息。中央网关模块（ZGM）能够将不同协议和速度转换到其他总线系统上。

装备有前端电子模块（FEM）的车辆：中央网关模块（ZGM）作为组件集成在前部电子模块（FEM）内。中央网关模块（ZGM）是控制单元中的控制单元，因为该模块在前部电子模块（FEM）中像一个独立的控制单元一样工作。

图7-2以宝马F01为例显示了传感器及接线盒电子装置（JBE）的系统网络。

图7-3以宝马F30为例显示了传感器及前部车身电子模块（FEM）的系统网络。

图7-4以宝马F15为例显示了传感器及车身域控制器（BDC）的系统网络。

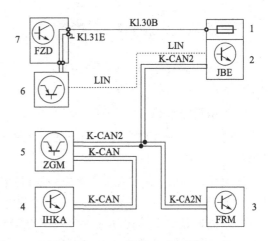

图7-2 传感器JBE系统应用

1—前部配电器；2—接线盒电子装置（JBE）；
3—脚部空间模块（FRM）；4—自动恒温空调（IHKA）；
5—中央网关模块（ZGM）；
6—雨天/行车灯/雾气/光照传感器；
7—车顶功能中心（FZD）

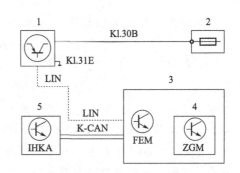

图7-3 传感器及FEM网络

1—雨天/行车灯/雾气/光照传感器；
2—前部配电器；3—前部电子模块（FEM）；
4—中央网关模块（ZGM）；
5—自动恒温空调（IHKA）

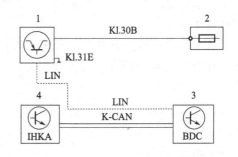

图7-4 传感器与BDC网络连接

1—雨天/行车灯/雾气/光照传感器；2—前部配电器；
3—主域控制器（BDC）；4—自动恒温空调（IHKA）

7.1.7 组合式传感器应用功能

组合式传感器具有下列系统功能：识别降水量，识别行车灯，识别太阳照射强度，识别车窗水雾，识别降水量。

（1）识别降水量

自动刮水器运行打开时，刮水清洗开关上的功能发光二极管亮绿光。作为视觉辅助反馈信息，执行一次刮水循环。

晴雨传感器的3个发射二极管发射通过挡风玻璃上的光学元件传播的红外光。挡风玻璃完全干燥和清洁时，在光学元件区域中将红外光完全反射至3个接收二极管。

如果挡风玻璃上的光学元件区域中有降水或脏污，则红外光被切断，这样就只有部分红外线光被反射至接收二极管。因此反射的光量是衡量光学元件区域内降水强度的一个尺度。电子分析装置借助缺失的光量识别挡风玻璃的润湿度，然后请求一个与润湿度匹配的刮水行为（如一次刮水循环、持续刮水或刮水频率不同的间歇运行）。

晴雨传感器的灵敏度可以通过刮水清洗开关上的滚花轮在4个灵敏度等级之间进行调整。每次沿"提高灵敏度"这个方向操纵滚花轮（即向上旋转滚花轮）时，执行一次刮水循环。

车辆静止时，自动切回到停车模式。也就是说，刮水器系统以低一个挡位的刮水频率刮水。

例如以刮水器挡位1持续刮水时，如果行驶速度被大大降低，致使车辆停止，则刮水器的运行从持续刮水运行方式切换至间歇运行方式。如果行驶速度重新超过一个特定数值，则重新开始以刮水器挡位1持续刮水。

如果以刮水器挡位2持续刮水时行驶速度大大降低，直至车辆静止，那么刮水器运行方式如下切换：从刮水器挡位2的持续刮水切换到刮水器挡位1的持续刮水。如果行驶速度重新增加到特定值，则再恢复到刮水器挡位2的持续刮水。

传感器失灵时，挡风玻璃刮水器切换至一个固定频率的间歇运行。

自2011年09月起开始使用保护功能"结冰识别"。当车外温度低于0℃（注意组合仪表中的车外温度显示）时，激活晴雨传感器后无法进行刮水器自动运行。此时以下功能受到抑制：刮水器自动运行激活时的一次性刮水；挡风玻璃潮湿时的其他刮水循环。

由于功能遭到抑制，因此避免了可能存在的挡风玻璃刮水器损坏，例如因刮水器刮片凝结造成的损坏。

如果车辆启动后行驶速度一下就超过了7km/h，那么保护功能"结冰识别"将会自动关闭。从这一时刻起，刮水器自动运行再次不受限制，直至下一次发动机关闭、车辆随后休眠为止。

刮水器手动操纵不涉及保护功能"结冰识别"。也就是说，刮水器挡位1和刮水器挡位2始终可手动接通。

（2）识别行车灯

车辆前面和车辆周围环境中的光照比例变化由对光线敏感的传感器检测。自动车灯控制激活时，电子分析装置根据所测得的亮度通过LIN总线给出接通或关闭行车灯的建议。

（3）识别太阳照射强度

传感器分别探测驾驶员侧和前乘客侧的阳光照射强度。传感器数据在电子分析装置中得到处理并通过总线被发送至冷暖空调控制单元。IHKA控制单元分析这些传感器信号。

（4）识别车窗水雾

雾气传感器通过湿度测量电池探测挡风玻璃区域中的相对湿度。此外，雾气传感器测量挡风玻璃内侧上的温度。

在雾气传感器电子分析装置中分析信号。数据通过内部总线被发送至数据接口（LIN总线），以转发给IHKA控制单元。例如，如果在挡风玻璃上测得的相对空气湿度大于65%，则IHKA控制单元启动一个避免车窗水雾的程序。

7.1.8 传感器保养与诊断

（1）保养提示

对于传感器的保养，做出以下提示。

① 一般提示　对于传感器安装，清洁干燥以及无损坏的挡风玻璃表面是必要的。另外传感器在与前挡风玻璃相连时不能有气泡。为了传感器的无故障运行，挡风玻璃上不允许有条纹。此外刮水器橡胶必须正常。

传感器和挡风玻璃之间的凝胶涂在光学元件上（新零件）。

第3代传感器：传感器没有损坏，不得拆卸，否则凝胶会遭到破坏。

第4代传感器：传感器没有损坏，可拆卸，凝胶不会遭到破坏。

注意安装正确型号的传感器。

② 诊断提示

a.晴雨传感器的初始化设置。为了保证用于识别降水量的光学测量系统正常工作，必须将晴雨传感器与挡风玻璃匹配。

无故障初始化设置的前提条件是，挡风玻璃在晴雨传感器区域内干燥、干净且无故障。

可以通过诊断系统中的服务功能"雨水传感器初始化设置"进行初始化设置。使用该服务功能更新雨天传感器中的匹配值。

下列情况下需要对晴雨传感器重新进行初始化设置：挡风玻璃更新后；在更换了雨天/行车灯/雾气/光照传感器之后。

b.传感器设码。对于带接线盒电子装置（JBE）的车辆，在重新启动时，接线盒电子装置（JBE）检查在雨天/行车灯/雾气/光照传感器中保存的设码数据与接线盒电子装置（JBE）中保存的设定设码数据是否一致；有偏差时，接线盒电子装置（JBE）按照设定设码数据执行雨天/行车灯/雾气/光照传感器的自动设码。

对于带前部车身电子模块（FEM）或车身域控制器（BDC）的车辆，重新启动时，前部车身电子模块（FEM）、车身域控制器（BDC）发送一条配置电码，用于车辆专用的雨天/行车灯/雾气/光照传感器配置。

自动车灯控制能够借助设码改变灵敏度设置（日本规格：可以更改灵敏度设置）。

（2）系统决定的限制

① 晴雨传感器　传感面被污染可能导致意外触发甚至持续刮水。长期被顽固地污染时，系统的反应灵敏度会降低。

污染可能由盐残留、昆虫或条纹引起。因此要不时地使用刮水清洗功能来清洁挡风玻璃。

由于刮水器会清洁传感器表面，因此刮水器不允许有任何磨损。磨损的刮水器可能通过条纹对传感器测量值产生不利影响。

硅凝胶和挡风玻璃之间的气泡同样导致不利影响。

② 光线传感器　光线传感器不能探测阻挡视线的影响因素，如雾、水汽、烟等。

受到技术水平的制约，可能导致自动车灯控制在天空晴朗（蓝天效果）和太阳低垂时过于频繁地接通，而在云层密集时接通次数过少。

"蓝天效果"描述了一种在黎明或黄昏当太阳低垂和蓝天晴朗无云时可能出现的现象的特征，这种现象尤其出现在冬半年。在这种光线情况下，由于环境光线中的红外线成分较低，传感器识别到的亮度比人识别到的亮度要低，因此如按照人的感觉，则行车灯会过早接通或过迟关闭。

在照明光线亮的隧道入口，如果隧道中的亮度值超过阈值，则车灯接通状态可能出现延迟。

7.2　清洗液液位传感器

7.2.1　传感器功能与原理

清洗液液位传感器将识别出清洗液罐内清洗液液位是否低于所需的水平。清洗液液位传感器将在清洗液罐侧面固定。

清洗液液位传感器是电容传感器（不再拥有簧片触头）。传感器安装位置如图7-5所示。

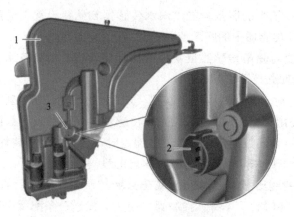

图7-5　传感器安装位置

1—热膨胀平衡罐；2—电容传感器；3—2芯插头连接

该传感器是一种电容性燃油油位传感器,通过两个小喷管进行非接触式测量。

当清洗液液位过低时,清洗液液位传感器提供一个发生改变的信号。信息将在TFT显示器中通过检查控制信息在组合仪表中输出。清洗液液量传感器连接在前部车身电子模块(FEM)或车身域控制器(BDC)上。通过PT-CAN将信号转发至组合仪表。

7.2.2 传感器电路连接

清洗液液量传感器由前部车身电子模块(FEM)、车身域控制器(BDC)自总线端Kl.15起用间歇电压供电(矩形波信号电压为3.3V)。信号由前部车身电子模块(FEM)或车身域控制器(BDC)读取回。传感器电路连接如图7-6所示。

7.2.3 传感器检测标准值

清洗液液位传感器具有的标准值见表7-1。

表7-1 清洗液液位传感器的标准值

参数	值
供电电压	3.3V
温度范围	−20 ~ 80℃

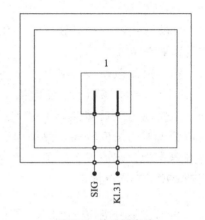

图7-6 传感器电路

1—冲洗液液位传感器

线脚布置:SIG——前部车身电子模块(FEM)或车身域控制器(BDC)的清洗液液位信号;Kl.31——总线端Kl.31。

当清洗液液位传感器失灵时,预计将出现以下情况:无故障记录。

7.3 车内温度传感器

7.3.1 传感器功能与原理

这两个车内温度传感器(左侧脚部空间温度传感器和右侧脚部空间温度传感器)是左右分离式自动恒温空调(IHKA)的组成部分。这两个传感器属于同类件。传感器外观如图7-7所示。

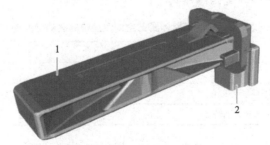

图7-7 脚部空间温度传感器

1—左侧脚部空间温度传感器或右侧脚部空间温度传感器;2—2芯插头连接

一个传感器直接测量驾驶员侧脚部空间通风通道脚部空间风门上的鼓风温度。另一个传感器直接测量前乘客侧脚部空间通风通道脚部空间风门上的鼓风温度。

脚部空间温度传感器直接与冷暖空调控制单元相连。

冷暖空调控制单元根据这一信息调节相应的脚部空间风门马达。

脚部空间温度传感器是一个热敏电阻或NTC电阻（NTC表示负温度系数）。可通过热敏电阻将温度变量转变成电气系统可以分析的电阻变量。温度较高时热敏电阻内导电材料的导电性比温度较低时好，也就是说，电阻随温度升高而降低。

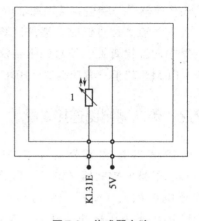

图7-8 传感器电路

1—热敏电阻

线脚布置：5V——供电电压；Kl.31E——总线端Kl.31，电子接地线。

7.3.2 传感器电路连接

冷暖空调控制单元负责为这两个脚部空间温度传感器（左侧脚部空间温度传感器和右侧脚部空间温度传感器）供应5V的电压。传感器电路连接见图7-8。

为了互相补偿内部温度作用，在此为热敏电阻提供较低的电流。因此外部环境温度对电阻值有决定性影响。

7.3.3 传感器特性线及标准值

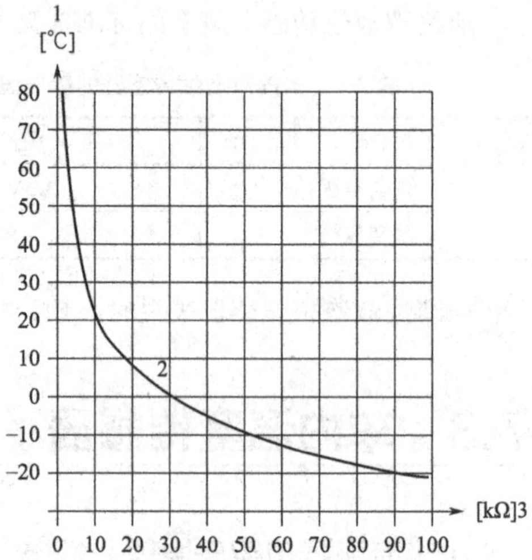

热敏电阻上的任何温度变化都会导致电压信号变化。分析在冷暖空调控制单元中进行。传感器特性曲线见图7-9。

图7-9 传感器特性曲线

1—温度；2—热敏电阻特性线；3—电阻

左侧或右侧脚部空间温度传感器具有的标准值见表7-2。

表7-2 左侧或右侧脚部空间温度传感器的标准值

项目	数值
供电电压	5V
温度范围	-40～85℃
电阻范围（测量范围）	1.2～100kΩ

左侧或右侧脚部空间温度传感器失灵时，预计会出现以下情况：IHKA控制单元内出现故障代码存储记录；IHKA控制单元替代值为20℃。

7.4 通风温度传感器

7.4.1 传感器功能与原理

如果冷暖空调只有一个通风温度传感器,则直接测量驾驶员侧中部通风风门上的鼓风温度。

冷暖空调控制单元将对通风温度传感器的信号进行分析。该控制单元根据该信息调节相应的风门马达。

通风温度传感器是一个热敏电阻或NTC电阻(NTC表示负温度系数)。可通过热敏电阻将温度变量转变成电气系统可以分析的电阻变量。温度较高时热敏电阻内导电材料的导电性比温度较低时好,也就是说,电阻随温度升高而降低。

图7-10所示为通风温度传感器,以宝马F25为例。

图7-10 通风温度传感器
1—通风温度传感器;2—2芯插头连接

7.4.2 传感器电路连接

冷暖空调控制单元供应给通风温度传感器的电压为5V。为了互相补偿内部温度作用,在此为热敏电阻提供较低的电流。因此外部环境温度对电阻值有决定性影响。传感器电路连接见图7-11。

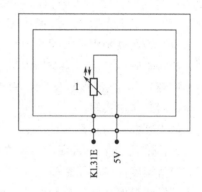

图7-11 传感器电路
1—热敏电阻

线脚布置:5V——5V供电电压;Kl31E——总线端Kl.31,电子接地线。

7.4.3 传感器故障案例

故障现象

奥迪A6L搭载BDW发动机与01J变速器的车型,空调中间出风口不出风。

故障诊断

① 检查主控单元与执行元件均无问题,怀疑是接收的传感器信号故障。

② 读取出风口温度传感器,发现中央出风口温度传感器G191无读数,拔掉中央出风口温度传感器插头后,将中央出风口调节到打开状态,可以受空调控制面板控制打开和关闭。

③ 拆检发现中央出风口温度传感器已烧蚀。

> **故障排除**

更换中央出风口温度传感器。

7.5 蒸发器温度传感器

7.5.1 传感器功能与原理

蒸发器温度传感器用于记录蒸发器上冷却空气出口温度，防止蒸发器结冰。传感器外观如图7-12所示。

蒸发器片由内部蒸发的制冷剂冷却。被风扇输送过来的空气流流过冷却的蒸发器片。这样，空气被冷却和干燥后送到车厢内部。

蒸发器温度是用蒸发器温度传感器和一只可控制的膨胀阀调节的。蒸发器温度被调节到设定的标准值2℃。当温度较低时，由于存在结冰的危险，因此无法实现。

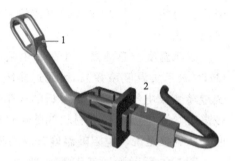

图7-12 蒸发器温度传感器

1—蒸发器温度传感器；2—2芯插头连接

如果功能"滑动蒸发器控制器"已设码，则计算出的蒸发器温度标准值在2～8℃之间。该标准值与车外温度、通风温度和制冷剂压力有关。平滑的蒸发器温度可以产生较低的空气湿度，减少了黏膜干燥情况的发生。

蒸发器温度传感器直接与IHKA控制单元［IHKA是"Integrierte Heiz Klima Automatik（自动恒温空调）"的缩写］连接。如果蒸发器温度下降到规定的额定值（2℃）以下，则IHKA控制单元便会关闭空调压缩机（仅在未装尾部空调器的车辆中）。

在配备尾部自动空调（IHKA）的车辆中，空调压缩机将不会关闭。如果IHKA的蒸发器有结冰危险时，IHKA控制单元就会向K-CAN发送一条信息。HKA控制单元接收到该信息后，令集成在膨胀阀内的前部单向阀通电。由此将关闭膨胀阀，并关闭前部制冷剂循环回路。

蒸发器温度传感器是一种热导体或NTC电阻器（NTC是"Negative Temperature Coefficient"的缩写，意为负温度系数）。通过该热导体，可将温度这一参数转换为可分析的电阻参数。

热导体内的导电材料在高温下比在低温下能进行更好地导电，也就是说随着温度的升高，电阻降低。

7.5.2 传感器电路连接

为了对内部温度效应进行相互平衡，热导体是以低电流运行的。因此，外部环境温度对于电阻值具有决定性的影响。热导体上的每一次温度变化都将导致电压信号的变化。

传感器电路连接如图7-13所示。

7.5.3 传感器特性线及标准值

IHKA控制单元向蒸发器温度传感器提供5V的电压。按照对数曲线变化的蒸发器温度传感器特性线必须由IHKA控制单元内的微处理器进行线性处理。然后，将在规定的顶点之间通过内插法确定实际温度。传感器特性曲线见图7-14。

蒸发器温度传感器具有的标准值见表7-3。

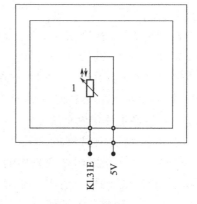

图7-13 传感器电路

1—热导体

线脚布置：Kl.31E——总线端Kl.31，电子接地线；5V——5V供电电压。

表7-3 蒸发器温度传感器的标准值

参数	值
电压范围	4.5～5.5V
最大耗电	10mA
温度范围	-5～60℃

7.5.4 传感器维修

在蒸发器温度传感器失效时，预计将出现以下情况。

① 没有尾部自动空调的车辆。

IHKA控制单元内出现故障代码存储记录；IHKA控制单元的替代值小于0℃，由于替代值较低，因此IHKA控制单元将不再触发空调压缩机。

② 带有尾部自动空调（HKA）的车辆：

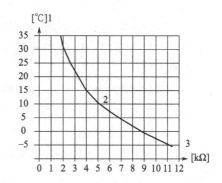

图7-14 传感器特性曲线

1—温度；2—蒸发器温度传感器特性线；3—电阻

IHKA控制单元内出现故障代码存储记录；IHKA控制单元的替代值小于0℃，由于替代值较低，因此集成在膨胀阀内的前部单向阀将通过HKA控制单元通电，由此将关闭前部膨胀阀，并关闭前部制冷剂循环回路；尾部空调器的制冷剂循环回路将继续保持功能良好。

故障提示：

① 对地短路：如电阻范围小于1.6kΩ。

② 对正极短路或断路：如电阻范围大于12kΩ。

7.6 车外温度传感器

7.6.1 传感器功能与原理

车外温度传感器安装在车辆前部车身上。传感器为所有需要车外温度的车内系统探测车外温度。

车外温度传感器信号在组合仪表（KOMBI）内进行处理。组合仪表将信息发送到CAN总线和MOST总线上（CAN表示控制器区域网络，MOST表示多媒体传输系统）。

组合仪表发送抑制的车外温度值，也就是说，借助组合仪表内的计算模型使来自发动机室的废热作用抑制到车外温度传感器的温度信号。这时，温度上升速度将被减缓。计算模型的输入端参数为行驶速度、冷却液温度、发动机接通或关闭状态、车外温度。

不加控制地接收正在下降的车外温度信号。原因是发动机和车身不能比环境温度低。

正常运行时每秒钟计算一次车外温度。总线端Kl.15关闭后，24h内每隔20min计算一次车外温度。

组合仪表液晶显示器上显示车外温度值。

不能避免车外温度在某些物理条件下的错误显示！在某些特殊的驾驶方式和环境下，显示可能因受控制而偏离真实值。处理客户投诉时必须将这种表现解释为技术决定的状态。

车外温度阻抑举例（图7-15）：高速公路行驶，接着市区行驶，然后堵塞。

车外温度传感器是一个热敏电阻或NTC电阻（NTC表示负温度系数）。可通过热敏电阻将温度变量转变成电气系统可以分析的电阻变量。传感器外观如图7-16所示。

温度较高时热敏电阻内导电材料的导电性比温度较低时好，也就是说电阻随温度升高而降低。

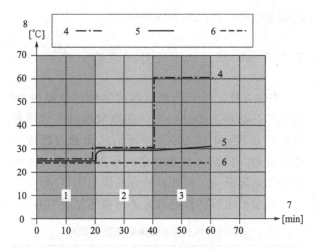

图7-15 传感器传感器温度变化

1—高速公路行驶20min（行驶速度高于80km/h）；
2—市区行驶20min（行驶速度高于40km/h）；
3—堵车20min（行驶速度为0km/h）；
4 车外温度传感器的测量值；
5—组合仪表中的车外温度显示；
6—真实车外温度；7—时间；8—温度

图7-16 车外温度传感器

1—车外温度传感器；2—2芯插头连接

7.6.2 传感器电路连接

车外温度传感器连接在前部电子模块（FEM）上。不过两个导线都只导通至组合仪表。

为了互相补偿内部温度作用，在此为热敏电阻提供较低的电流。因此外部环境温度对电阻值有决定性影响。热敏电阻上的任何温度变化都会导致电压信号变化。传感器电路连接见图7-17。

7.6.3 传感器特性线及标准值

车外温度传感器由前部电子模块（FEM）提供5V电压。

组合仪表中的微处理器必须对车外温度传感器的对数特性线进行线性处理。然后，将在规定的顶点之间通过内插法确定实际温度。传感器特性曲线如图7-18所示。

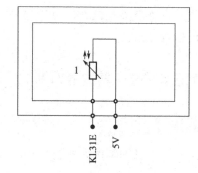

图7-17 传感器电路

1—热敏电阻

线脚布置：5V——5V供电电压；Kl.31E——总线端Kl.31，电子接地线。

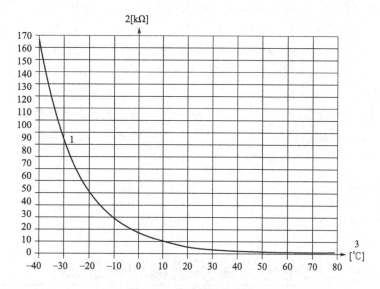

图7-18 传感器特性曲线

1—车外温度传感器特性线；2—电阻；3—温度

车外温度传感器具有的标准值见表7-4。

表7-4 车外温度传感器的标准值

项目	数值	项目	数值
供电电压	5V	电阻范围（测量范围）	1.7～174kΩ
温度范围	-40～80℃	显示分辨率	0.5℃

车外温度传感器失灵时，预计会出现以下情况：组合仪表（KOMBI）中有故障记录。组合仪表的替代值如下。

① 因对地短路而造成传感器失灵时：如50℃。

② 因对正极短路或导线断路而造成传感器失灵时：如-40℃。

删除故障代码存储器记录后,组合仪表将当前车外温度值以不抑制或不过滤方式输出给总线设备。

7.6.4 传感器故障案例

故障现象

本田雅阁车内室外温度显示-40℃。

故障检修

① 更换新的室外温度传感器,仪表仍然显示-40℃。再换另外车辆的传感器,仍然显示-40℃。

② 检查室外温度传感器到仪表线路,无故障。

③ 查阅维修资料,发现08ACC为室外温度传感器控制逻辑问题。当点火开关转到ON位置时,如果发动机冷却液温度是60℃或更高,则无论车外空气温度传感器测量的当前温度为多少,都将会显示上次点火开关置于OFF位置时显示的车外空气温度。当点火开关转到ON位置时,如果发动机冷却液温度是59℃或更低,则显示车外空气温度传感器测量的当前温度。

④ 由于温度传感器故障,造成其显示为-40℃。当更换相应传感器后,由于发动机冷却液温度高于60℃,根据该控制逻辑,仍显示点火开关关闭前的温度。此时,该温度即为出现故障时的-40℃。

故障排除

更换新的室外温度传感器,第二天早晨一切正常。

7.7 车内空气循环控制系统自动传感器

7.7.1 传感器功能与原理

车内空气循环控制系统自动传感器(AUC传感器)固定在微尘滤清器箱上。传感器外观如图7-19所示。

AUC传感器分析吸入的新鲜空气中一氧化碳和氮氧化物的浓度。如果AUC传感器测量出一个过高的排放值,则将通过自动恒温空调控制单元(IHKA控制单元)切换至循环空气模式(前提条件:IHKA处于自动运行状态)。

由于缺乏新鲜空气输送,空气循环功能暂时受限。在发动机启动并且已接通AUC功能时,由于AUC传感器处于加热阶段,将切换到新鲜空气模式一直持续约40s。

该传感器自总线端Kl.15接通起供电。传感器元件需要约300℃的工作温度。AUC传感器中的电子装置控制加热电压的间歇(取决于标准和实际温度)。AUC传感器在30s后达到其运行准备状态并对环境空气的变化做出反应。

(a)F0x、F1x系列车型的AUC传感器　　(b)F15、F16、F2x、F3x系列车型的AUC传感器

图7-19　AUC传感器

1—车内空气循环控制系统自动传感器；2—3芯插头连接

AUC传感器将所记录到的空气质量（也成为空气品质）转换为电信号。为了简化信息处理，因此将空气质量分为10级：0～10级（从干净到严重污染）。

宝马F0x、F1x系列车型：AUC传感器将相应的级别作为数字信号通过LIN总线发送至接线盒电子装置（JBE）；接线盒电子装置（JBE）将数字信号通过控制器区域网络总线发送至冷暖空调控制单元。

宝马F15、F16系列车型：车内空气循环控制自动传感器将相应的级别作为按脉冲宽度调制的信号发送至车身域控制器（BDC）；车身域控制器（BDC）将数字信号通过控制器区域网络总线发送至冷暖空调控制单元。

宝马F2x、F3x系列车型：AUC传感器将相应的级别作为按脉冲宽度调制的信号发送至前部车身电子模块（FEM）；前部车身电子模块（FEM）将CAN总线上的数字信号发送至IHKA控制单元。

根据内部测量间隔，每秒更新信息。

7.7.2 传感器电路连接

AUC传感器是一种金属氧化物传感器。该传感器对于交通中的各种典型气味和有害物质具有高灵敏度。AUC传感器由2个电阻元件和1个电子单元组成。其电路连接如图7-20所示。

7.7.3 传感器检测标准值

AUC传感器具有的标准值见表7-5。

部件失灵时，可能出现以下情况：接线盒电子装置（JBE）或前部车身电子模块（FEM）或车身域控制器（BDC）中有故障记录；IHKA控制单元替代值：空气质量等级0（等级0相当于清新空气），

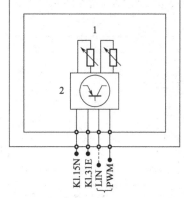

图7-20　传感器电路

1—电阻元件；2—电子单元

线脚布置：Kl.15N——总线端Kl.15空转，供电电压；Kl.31E——总线端Kl.31，电子接地线；LIN——F0x、F1x：LIN总线；PWM——F15、F16、F2x、F3x：脉冲宽度调制信号。

无法进行自动车内空气循环控制。

表7-5 AUC传感器的标准值

参数	值	参数	值
电压范围	9～16.5V	最大输入功率	小于1W
过压	大于18.5V	响应时间	小于1s
低电压	小于8.5V	温度范围	−40～85℃

7.8 制冷剂压力传感器

7.8.1 传感器功能与原理

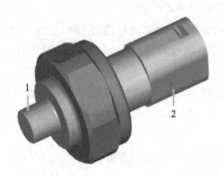

图7-21 制冷剂压力传感器

1—制冷剂压力传感器；2—3芯插头连接

冷暖空调的制冷剂压力传感器安装在冷凝器和蒸发器之间的高压管路内。传感器外观如图7-21所示。冷却运行时，制冷剂压力通过制冷剂压力传感器感测并在冷暖空调控制单元中分析（IHKA表示自动恒温空调）。

根据传感器信号，在制冷剂压力过高时通过冷暖空调控制单元调节或关闭空调压缩机。根据制冷剂压力，通过冷暖空调控制单元感测风扇挡，并将风扇挡通过总线传输至发动机控制单元。

制冷剂压力传感器通过感压元件分析制冷循环回路高压管路中存在的制冷剂压力。制冷剂压力传感器获得恒定不变的电压。实际的测量信号是一个受制冷剂压力影响的线性传感器输出电压。

宝马F0x、F1x系列车型：接线盒电子装置（JBE）或前部车身电子模块（FEM）分析输出电压并将其转换为压力信号；然后，该压力信号再被转换为数字信号并通过总线发送给冷暖空调控制单元。

宝马F15、F16系列车型：该输出电压由车身域控制器（BDC）分析并换算为压力信号；然后，该压力信号再被转换为数字信号并通过总线发送给冷暖空调控制单元。

宝马F2x、F3x系列车型：该输出电压由前部车身电子模块（FEM）分析并换算为压力信号；然后，该压力信号再被转换为数字信号并通过总线发送给冷暖空调控制单元。

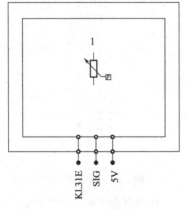

图7-22 传感器电路

1—压力传感器

线脚布置：Kl.31E——总线端Kl.31，电子接地线；SIG——信号线；5V——5V供电电压。

7.8.2 传感器电路连接

接线盒电子装置（JBE）或前部车身电子模块（FEM）或车身域控制器（BDC）给制冷剂压力传感器供给5V电压和接地。传感器连接电路如图7-22所示。

7.8.3 传感器特性线及标准值

制冷剂压力传感器的信号波动取决于压力。0.4～4.6V的测量范围对应10～3.5MPa（0.1～35bar）的压力。相应的风扇挡仅受制冷剂压力影响。传感器特性曲线见图7-23。

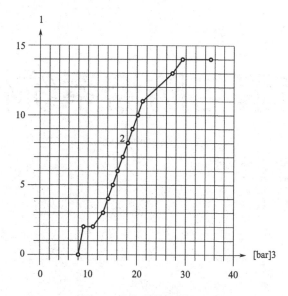

图7-23 传感器特性曲线

1—风扇挡；2—制冷剂压力传感器特性线；3—制冷剂压力

车外温度传感器具有的标准值见表7-6。

表7-6 车外温度传感器的标准值

参数	值
电压范围	4.5～5.5V
电流消耗	小于20mA
温度范围	−40～85℃

制冷剂压力传感器失灵时，预计会出现下列情况：IHKA控制单元内出现故障代码存储记录；空调压缩机被关闭或未打开。

第 8 章
安全气囊与防盗系统传感器

8.1 中央传感器

8.1.1 传感器功能与原理

中央传感器在车辆中央用螺栓固定在变速箱传动轴通道上。传感器外观如图8-1所示。

中央传感器有以下2种规格。

规格1：

用于欧洲规格车辆，不适合混合动力汽车。

中央传感器支持正面碰撞识别、尾部碰撞识别以及侧面碰撞识别。

中央传感器由下列传感器组成：纵向加速传感器\横向加速度传感器。

规格2：

适用于混合动力汽车以及美规车辆。

中央传感器支持正面碰撞识别、尾部碰撞识别、侧面碰撞识别以及附加支持翻滚识别。

中央传感器由下列传感器组成：纵向加速传感器、横向加速度传感器、摆动率传感器（用于翻滚识别）、垂直加速度传感器（用于翻滚识别）。垂直加速度传感器由两个用于感测横向加速度和绕垂直轴线的加速度的加速度传感器组成。

系统将对碰撞安全模块（ACSM）的信号进行分析。ACSM是"Advanced Crash Safety Module"的缩写，意为碰撞安全模块。

中央传感器（规格1）包括一个加速度传感器和一个横向加速度传感器，见图8-1。中央传感器探测加速和减速（减速标明正面碰撞，加速标明尾部碰撞）。碰撞侧可通过传感器信号的极性识别。

中央传感器（规格2）在中央传感器中除纵向和横向加速度传感器外还集成了一个翻滚识别装置。其外观见图8-2。

此翻滚识别装置由一个摆动率传感器和一个垂直加速度传感器组成。摆动率传感器测量车辆绕纵向轴线的旋转。在垂直加速度传感器中安装有两个低g值传感器，一个沿y方向进行测量，另一个沿z方向进行测量。

碰撞侧可通过传感器信号的极性识别。

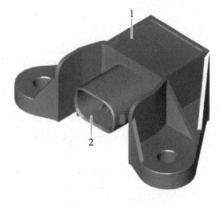

图8-1 中央传感器

1—中央传感器；2—2芯插头连接

图8-2 带翻滚识别的中央传感器

1—中央传感器；2—4芯插头连接

8.1.2 传感器电路连接

中央传感器（规格1）由碰撞安全模块（ACSM）供电。数据通过双线连接进行传送。其电路连接如图8-3所示。

中央传感器（规格2）的电路连接见图8-4。

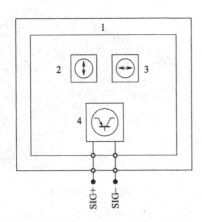

图8-3 规格1传感器电路

1—中央传感器；2—纵向加速传感器；3—横向加速度传感器；4—电子单元

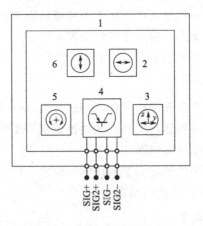

图8-4 规格2传感器电路

1—中央传感器；2—横向加速度传感器；3—带两个集成式传感器（一个沿y方向进行测量，另一个沿z方向进行测量）的垂直加速度传感器；4—电子单元；5—横摆率传感器；6—纵向加速传感器

线脚布置：SIG+——纵向和横向加速度传感器的信号线（+）；SIG-——纵向和横向加速度传感器的信号线（-）；SIG2+——带两个集成式传感器的垂直加速度传感器的信号线（+）；SIG2-——带2个集成式传感器的垂直加速度传感器的信号线

8.1.3 传感器检测标准值

中央传感器具有的标准值见表8-1。

表8-1 中央传感器的标准值

项目	数值
电压范围	5.6～16V
沿x方向（纵向加速度）的测量范围	(-100～100)g
沿y方向（横向加速度）的测量范围	(-100～100)g
低g值传感器，沿z方向的测量范围（集成在垂直加速度传感器中）	(-5～5)g
低g值传感器，沿y方向的测量范围（集成在垂直加速度传感器中）	(-5～5)g
温度范围	-40～105℃

在中央传感器失灵时，可能出现以下情况：ACSM控制单元中出现故障记录；安全气囊指示灯亮起。

8.2 座椅位置传感器

8.2.1 传感器功能与原理

以前排乘客座椅为例,前乘客侧座椅位置传感器的安装取决于国家规格和车辆装备。例如,配备座椅记忆功能的车辆在前乘客侧没有座椅位置传感器。

在美规车辆中,按照FMVSS(联邦机动车辆安全标准)的规定,必须区分前乘客座椅上5%的女性和50%的男性。前乘客座椅位置传感器识别出根据纵向座椅调节为一名人员设计的安全气囊区域。

座椅位置信号将影响气体发生器的第2级延时触发(前乘客安全气囊)。

前乘客座椅位置传感器采用霍尔传感器的结构。电流强度根据座椅位置传感器与磁力架的距离而变化。

安全气囊控制单元根据测量电流识别纵向座椅调整装置。传感器安装位置见图8-5。

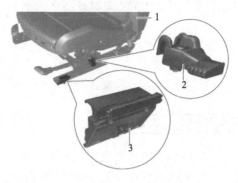

图8-5 传感器安装位置

1—前乘客座椅(所示为左座驾驶型车辆);
2—前排乘客座椅位置传感器;3—磁力架

8.2.2 传感器电路连接

前乘客座椅位置传感器有一个2芯插头连接,见图8-6。安全气囊控制单元向前乘客座椅位置传感器供电。前乘客座椅位置传感器有反极性保护。

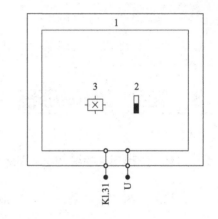

图8-6 传感器电路

1—前排乘客座椅位置传感器;
2—磁铁;3—霍尔传感器

线脚布置:Kl.31——总线端Kl.31,接地;
U——供电电压。

8.2.3 传感器检测标准值

前乘客座椅位置传感器具有的标准值见表8-2。

表8-2 前乘客座椅位置传感器的标准值

项目	数值
供电	4～16V
50%男性座椅位置区域的测量电流	12～19mA
5%女性座椅位置区域的测量电流	1.9～6mA
温度范围	−40～85℃

当前乘客椅位置传感器失灵时，预计将出现以下情况：安全气囊控制单元内有故障记录；组合仪表内的安全气囊指示灯亮起。

8.2.4 传感器故障案例

故障现象

保时捷卡宴在驾驶员侧安全带系好、乘客侧无人的情况下，仪表内安全带提示灯亮。

诊断过程

① 用PIWIS检测发现无故障代码。
② 在乘客座椅无人情况下读取座椅占用测量值为292Ω。标准值为Too big。
③ 拆装分解乘客侧座椅，发现座椅衬垫与传感器压得太紧，这样使系统误认为座椅上有人。

解决方案

重新调整座椅衬垫与传感器的位置。

8.3 安全气囊传感器

8.3.1 传感器功能与原理

以左前车门侧的传感器为例，左前车门安全气囊传感器安装在车门内板上。左前车门安全气囊传感器和右前车门安全气囊传感器是相同的部件。传感器外观如图8-7所示。

图8-7 安全气囊传感器
1—左前车门安全气囊传感器；
2—2芯插头连接

左前车门安全气囊传感器支持侧面碰撞识别，并对安全气囊传感器的信号及横向加速度信号进行分析，以保证快速的触发时间。系统对碰撞安全模块（ACSM）的信号进行分析。ACSM表示"Advanced Crash Safety Module"，即碰撞安全模块。

左前车门安全气囊传感器是一个压力传感器。发生侧面碰撞时车门表面板被压向里面，于是车门内室减小。因此车门内室中的压力上升。压力传感器记录这个压力的上升。在电子模块内对压力传感器的信号进行数字化处理，并周期性发往碰撞安全模块。碰撞安全模块（ACSM）对数据进行分析。

8.3.2 传感器电路连接

左前车门安全气囊传感器由以下部件构成：用于识别侧面碰撞的压力传感器，用于信号处理和数据传输的电子模块。传感器电路连接如图8-8所示。

8.3.3 传感器检测标准值

左前车门安全气囊传感器由碰撞安全模块（ACSM）供电。数据通过双线连接进行传送。左前车门安全气囊传感器具有的标准值见表8-3。

表8-3 左前车门安全气囊传感器的标准值

参数	值
电压范围	5.6～16V
环境压力范围	60～130kPa
压力范围	-234～234kPa
温度范围	-40～85℃

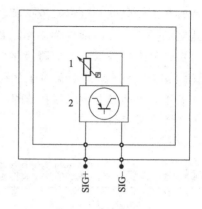

图8-8 传感器电路
1—压力传感器；
2—电子模块

线脚布置：SIG+——信号线（+）及供电电压；SIG-——信号线（-）。

在左前车门安全气囊失效时，预计将出现以下情况：ACSM控制单元内出现故障代码存储记录；安全气囊指示灯亮起。

8.3.4 传感器故障案例

 故障案例

大众迈腾安全气囊灯点亮；安全气囊控制单元存储有故障码：01221驾驶员侧侧面安全气囊碰撞传感器故障、01222副驾驶员侧侧面安全气囊碰撞传感器故障。

诊断过程

① 用VAS5051清除故障码。开始只能清除故障码01221；断开蓄电池接线后重新接上，清除故障码01222。
② 直线行驶3～4km后，仪表上安全气囊灯重新点亮，故障存储器存储有故障码。
③ 将碰撞传感器直接跨接线至控制单元，故障未解决。
④ 更换安全气囊控制单元和驾驶员侧侧面安全气囊碰撞传感器（因为当时只有一个碰撞传感器，左、右零件编码一样），故障未解决。
⑤ 更换副驾驶员侧侧面安全气囊碰撞传感器，故障排除。

故障排除

更换副驾驶员侧侧面安全气囊碰撞传感器。

维修小结

两个碰撞传感器同时出现故障的概率很小。驾驶员侧侧面安全气囊碰撞传感器与副驾驶员侧侧面安全气囊碰撞传感器间是相互检测的关系。如果发生右侧碰撞,则驾驶员侧侧面安全气囊碰撞传感器与副驾驶员侧侧面安全气囊碰撞传感器同时得到从右向左的碰撞信号;如果只有一个碰撞传感器有碰撞信号,但另一侧没有信号(例如副驾驶员侧侧面安全气囊碰撞传感器得检测到发生碰撞,但左侧未检测到碰撞),则安全气囊控制单元就不能判断哪个传感器有故障,因此只能同时报错。此时故障码01221和01222应理解为"信号不可靠"。

8.4 行人保护传感器

8.4.1 传感器功能与原理

行人保护传感器安装在保险杠内中部。传感器外观如图8-9所示。

在保险杠内安装了多个行人保护传感器。除了中部行人保护传感器之外,还有左侧行人保护传感器和右侧行人保护传感器。所有传感器都是相同部件。

行人保护系统具有下列职责:识别轿车与行人之间的事故状况,然后根据特定的边界条件有选择地激活系统。行人保护系统是由行人保护传感器、控制单元和执行器组成的完整系统。

系统将对碰撞安全模块(ACSM)的信号进行分析。ACSM是"Advanced Crash Safety Module"的缩写,意为碰撞安全模块。碰撞安全模块控制执行器。

中部行人保护传感器是一个加速度传感器。微机械加速传感器探测的加速度值被转换为数字信号,然后以循环方式传输给碰撞安全模块。

图8-9 行人保护传感器

1—行人保护传感器;2—2芯插头连接

8.4.2 传感器电路连接

中部行人保护传感器由纵向加速传感器、电子单元组成。传感器电路连接如图8-10所示。

8.4.3 传感器检测标准值

中部行人保护传感器由碰撞安全模块(ACSM)供电。数据通过双线连接进行传送。

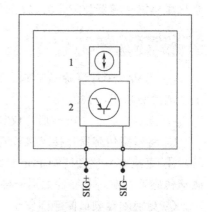

图8-10 传感器电路

1—纵向加速传感器;2—电子单元

线脚布置:SIG-——信号线(-);
SIG+——信号线(+)及供电电压。

中部行人保护传感器具有的标准值见表8-4。

表8-4 中部行人保护传感器的标准值

项目	数值
电压范围	5～12V
沿 x 方向（纵向加速度）的测量范围	（-406～406）g
温度范围	-40～105℃

中部行人保护传感器失灵时，预计将出现以下情况：在碰撞安全模块中记录故障代码；组合仪表上通过图标显示检查控制信息。

某一行人保护传感器失灵时，可通过其余完好的传感器信号保证触发行人保护。如果所有行人保护传感器都失灵，就会在碰撞安全模块内禁用行人保护功能。

行人保护装置只有在规定的速度范围内才能触发，超出了规定的速度范围时，碰撞安全模块的功能将被禁用。

如果超过1s未接收到速度信息或收到错误的速度信息，则碰撞安全模块内的行人保护功能将被禁用。

8.5 微波传感器

8.5.1 传感器功能与原理

防盗报警系统可识别和通报破门盗窃尝试或对车辆的人为改动。

除倾斜报警传感器之外，防盗报警系统的软件也已集成到应急电源报警器（SINE=带有倾斜度传感器的报警器）中。因此带有倾斜度传感器的报警器是一个控制单元。

车厢内部通过微波传感器监控。优点：微波传感器在布置时可以被遮住。即使侧窗玻璃打开也能运行车内监控。

2个微波传感器安装在驾驶员侧车门和前乘客侧车门的车门内板上。另外2个微波传感器分别从内部固定在侧围后部件上。

当微波的反射（回声）变化时，确定一个运动。微波传感器灵敏度根据不同的条件（如车型、微波传感器的安装位置）进行调整。传感器外观如图8-11所示。

微波传感器是一种移动探测器。微波传感器可识别在整个车厢内部的运动及其运动方向（距离减小或距离增大）。

关闭最后一个车门或后备厢盖3s后，启动微波传感器的基准运行。在基准运行期间"扫描"车厢内部。由此将识别到车厢内部的变化（例如后部座椅上遗留的物品）。通过自检，监控微波传感器的功能是否正常。在基准运行启

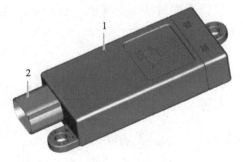

图8-11 微波传感器

1—微波传感器；2—4芯插头连接

动20s后，微波传感器工作装备就绪。

微波传感器的工作频率范围大约2.5GHz。微波传感器使用多普勒效应产生报警触发信号。

8.5.2 传感器电路连接

每个微波传感器都通过LIN总线连接在应急电源报警器（SINE）上。报警触发信号将通过局域互联网总线发送至带有倾斜度传感器的报警器（SINE）。传感器连接电路如图8-12所示。

微波传感器的不同线脚布置（表8-5）用于通过车内监控识别各个微波传感器。

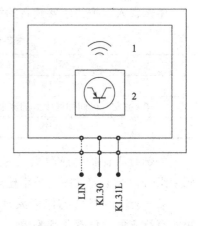

图8-12 微波传感器电路

1—微波传感器；2—电子分析装置

表8-5 微波传感器的线脚布置

传感器	线脚 Pin 1	线脚 Pin 2	线脚 Pin 3	线脚 Pin 4
右前	接地	LIN总线	12V	12V
右后	接地	LIN总线	接地	12V
左后	接地	LIN总线	—	12V
左前	接地	LIN总线	12V	—

8.5.3 传感器检测标准值

微波传感器具有的标准值见表8-6。

表8-6 微波传感器的标准值

项目	数值	项目	数值
供电	9～16V	温度范围	−40～80℃
频率范围	2.5GHz		

如果应急电源报警器在DWA报警期间失效或如果连接微波传感器的LIN总线断路，则通过喇叭输出声音报警。SINE控制单元为此向转向柱开关中心（SZL）发送一条信息。

当微波传感器失灵时，预计将出现以下情况：带有倾斜度传感器的报警器（SINE）的故障记录。

8.6 倾斜报警传感器

8.6.1 传感器功能与原理

带集成倾斜报警传感器的报警器通过串行单线总线（LIN总线）与车顶功能中心（FZD）连接。

防盗报警系统（DWA）的软件已集成到FZD控制单元中。FZD控制单元因此控制防盗报警系统。

防盗报警系统由带有超声波车内防盗监控传感器的超声波车内保护系统和带有倾斜报警传感器的报警器组成。倾斜报警传感器将监控车辆的倾斜度，识别车辆的抬起或牵引。

DWA报警以听觉和视觉方式进行。在DWA报警被触发时，FZD控制单元通过LIN总线激活报警器的扬声器。同时FZD控制单元发送一个报警信号作为信息到K-CAN上。根据车型系列，相应的控制单元通过照明设备激活光报警。

对于宝马F01、F10、F25系列车型：脚部空间模块（FRM）。

对于宝马F20、F30系列车型：前部车身电子模块（FEM）用于前部外部照明的光报警，车尾电子模块（REM）用于后部外部照明的光报警。

对于宝马F15、F16系列车型：车身域控制器（BDC）。

以宝马I01说明光激活控制流程。

报警信号可以根据国家规定进行设码，例如可以是视觉报警输出信号（通过闪烁、近光灯、远光灯等进行报警）并具有周期性（1次、3次等）。

在LIN总线上监控导线连接。FZD控制单元通过LIN总线向带倾斜报警传感器的报警器周期性地发送监控导线连接的要求。如果在规定的时间内应答消失，则FZD控制单元就触发一个DWA报警。导线监控在报警输出期间也处于激活状态。

通过一个自带的微处理器控制报警器和倾斜报警传感器的功能。

报警器具有一个自带的供电装置（电池）并监控车辆蓄电池的供电情况。这样，在报警器的供电导线受到破坏时，也会发出声音报警。此外，报警器还监控局域互联网总线（LIN-Bus）。如果局域互联网总线被割断，则报警器也将触发警报。

为了使报警器能够独立于车辆蓄电池执行其功能，其本身配有电池（应急电源报警器）。电池不可再次充电（使用寿命至少为10年左右或者30次触发声音报警）。报警器配有一个频率范围为1900～2800Hz的扬声器。

如果电池持续放电，并且在放电过程中车载网络电压以0.5V/h的速度下降到3V（例如长时间停放车辆时），则报警器将无法发出警报。

如果报警器退出戒备状态并且没有外部供电，则内部电池将设置为最低耗电水平。此时的耗电为最大25mA。如果车辆蓄电池被重新接上，则报警器将恢复正常耗电水平。

外部启动时，报警器会识别出反极性并在信息存储器中存储这一信息。信息存储器和报警存储器一样可以通过诊断系统进行读取。

倾斜报警传感器监控车辆的水平位置（沿纵向和横向的车辆倾斜监控）。倾斜报警传感器的信号将由报警器中的微处理器进行分析。倾斜报警传感器识别到车辆倾斜度发生变化时，将向车顶功能中心（FZD）发送一个信号。车顶功能中心（FZD）据此触发一个DWA报警。这样就可以识别出为盗窃车轮而抬起车辆或者车辆被牵引。

车辆的停放位置将通过当前的纵向角度和横向角度加以存储。倾斜报警传感器定期测量新的纵向和横向角度。超过报警阈值时，将向FZD控制单元发送一条信息。在第一次报警后将降低报警阈值，从而导致更快触发第二次报警。

倾斜传感器的报警机制被设计为在车辆发生剧烈颠簸时避免触发报警。

图8-13所示为带有倾斜度传感器的报警器示例。

图8-13 倾斜传感器（安装于报警器内）
1—带倾斜报警传感器的报警器；2—3芯插头连接

8.6.2 传感器电路连接

带有倾斜度传感器的报警器通过一个3芯插头连接与车载网络相连，见图8-14。带有倾斜度传感器的报警器通过总线端Kl.30供电。通过LIN-Bus将（带集成超声波车内防盗监控传感器的）车顶功能中心与带有倾斜度传感器的报警器连接在一起。

8.6.3 传感器检测标准值

带有倾斜度传感器的报警器具有的标准值见表8-7。

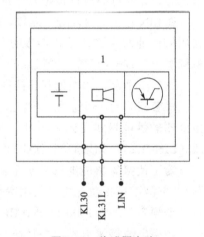

图8-14 传感器电路
1—带倾斜报警传感器的报警器

线脚布置：Kl.30——总线端Kl.30，电源；Kl.31L——总线端Kl.31l，负载接地；LIN——与超声波车内防盗监控传感器连接的LIN-Bus。

表8-7 带有倾斜传感器的报警器的标准值

参数	值
电压范围	9~16V
温度范围	-40~85℃

可以通过诊断系统对带有倾斜度传感器的报警器进行功能检查。

第 9 章
车身控制系统传感器

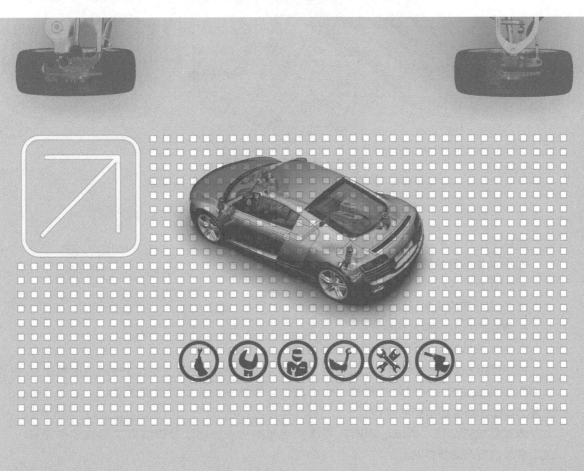

9.1 后备厢盖打开踢脚感应传感器

9.1.1 传感器功能与原理

踢脚感应传感器也称无接触式后备厢盖打开装置传感器。为正确执行该功能,脚必须居中移动到保险杠下,然后立即收回。其应用原理如图9-1所示。

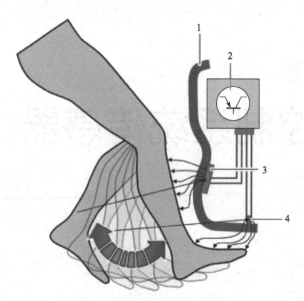

图9-1 踢脚感应操作示意图

1—后保险杠;2—无接触式后备厢盖打开装置的电子分析装置;
3—无接触式后备厢盖打开装置上部传感器;
4—无接触式后备厢盖打开装置下部传感器

在以下条件下不能正确执行该功能。
- 脚在传感器的测量范围之外移动(即不居中)。
- 脚垂直于车辆移动(左右摇摆)。
- 脚移动期间接触保险杠。
- 脚在保险杠下的时间过长。
- 脚伸到保险杠下的长度不够。

当在保险杠天线区域内将脚移动6次且2次之间的时间间隔不超过15s而该区域未有效地识别传感器时,间隙保护接通。也就是说,间歇保护计数器增加了"1"。电子分析装置30min内不再提示任何操作。

通过总线端切换(或通过诊断)再次关闭间隙保护。电子分析装置重新提示非接触式后备厢盖打开装置的操作。

对客户来说,无接触式后备厢盖打开装置是另一个后备厢盖操作元件。其操纵借助有目的的脚步移动(走向保险杠和走回)来实现。两个传感器通过测量电容以无接触方式识别这种移动。

无接触式后备厢盖打开装置强制连接到SA322便捷上车功能。

通过转向信号灯发出视觉反馈信息至以后的某个时间点。

宝马F0x、F1x系列车型：无接触式后备厢盖打开装置的功能集成在脚部空间模块（FRM）控制单元内；脚部空间模块通过总线信号控制接线盒电子装置（JBE）将后备厢盖解锁。

宝马F2x、F3x系列车型：无接触式后备厢盖打开装置的功能集成在前部车身电子模块（FEM）控制单元内；前部车身电子模块通过总线信号促使后部电子模块（REM）解锁后备厢盖。

两个传感器都连接在电子分析装置上，可持续测量电容量。通过对比所测电容量的时间曲线可以识别某些移动模式。由此可以识别到有目的的脚步移动（走向保险杠和走回）。上部传感器识别小腿，下部传感器识别脚趾。

保险杠中部处的感知范围约为60cm宽。传感器外观如图9-2所示。

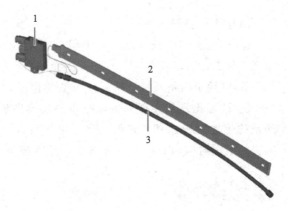

图9-2　传感器安装位置

1—无接触式后备厢盖打开装置的电子分析装置；
2—无接触式后备厢盖打开装置上部传感器；
3—无接触式后备厢盖打开装置下部传感器

9.1.2 传感器电路连接

电容传感器通过一个2芯插头连接与电子分析装置相连，见图9-3。电子分析装置通过一条诊断导线监控传感器。

电容传感器失灵时会出现下列症状：脚部空间模块（FRM）或前部车身电子模块（FEM）内出现故障记录。

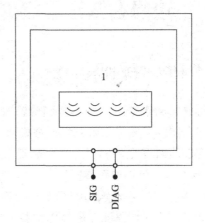

图9-3　传感器电路

1—非接触式后备厢盖打开传感器

线脚布置：SIG——电容传感器信号；DIAG——诊断导线。

9.1.3 传感器故障案例

故障现象

保时捷卡宴后备厢盖解锁后不会自动往上开启。

检修过程

① 试车确认故障，后备厢盖解锁后仅仅开启一点点，不能自动地完全打开，用手动

打开后也不能自动关闭。

② 用电脑检测没有发现故障码，因此初步估计是锁机构或者某个传感器之类的器件出现了问题。

③ 更换了后备厢锁机构后故障依然存在。

④ 读数据流后发现后备厢高度传感器数据不正常。我们将该传感器拆下来，试着摇动该传感器去模拟开关时的动作，结果发现该传感器的信号还是不变，因此确定是该传感器的故障导致后备厢盖开关异常。更换该传感器后一切正常。

故障排除

更换后备厢盖高度传感器。

9.2 折叠式软顶边缘左侧已竖起传感器和折叠式软顶边缘右侧已竖起传感器

9.2.1 传感器功能与原理

折叠式软顶边缘左侧已竖起传感器或折叠式软顶边缘右侧已竖起传感器为霍尔传感器。在左侧和右侧液压缸上为折叠式软顶边缘分别安装了一个这种传感器。

当液压缸完全伸出时，该传感器会告知左、右液压缸各自的极限位置。敞篷车软顶模块（CVM）分析传感器信号。

传感器（折叠式软顶边缘左侧已竖起传感器或折叠式软顶边缘右侧已竖起传感器）采用非接触式工作原理（霍尔传感器和磁铁）进行工作。

敞篷车软顶模块（CVM）根据电压信号识别折叠式软顶边缘的位置，从而识别左侧或右侧折叠式软顶边缘是否完全竖起。传感器安装位置见图9-4。

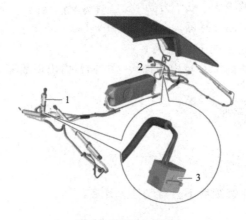

图9-4 竖起传感器

1—左侧折叠式软顶边缘的液压缸；2—右侧折叠式软顶边缘的液压缸；
3—折叠式软顶边缘左侧已竖起传感器或折叠式软顶边缘右侧已竖起传感器

9.2.2 传感器电路连接

折叠式软顶边缘左侧已竖起传感器或折叠式软顶边缘右侧已竖起传感器通过一个2芯插头连接与敞篷车软顶模块（CVM）相连。敞篷车软顶模块为每个传感器供电并分析传感器信号。传感器电路连接如图9-5所示。

9.2.3 传感器检测标准值

折叠式软顶边缘左侧已竖起传感器或折叠式软顶边缘右侧已竖起传感器具有的标准值见表9-1。

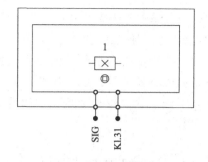

图9-5 传感器电路

1—折叠式软顶边缘左侧已竖起传感器或折叠式软顶边缘右侧已竖起传感器

线脚布置：Kl.31——总线端Kl.31，接地（通过敞篷车软顶模块）；SIG——传感器信号。

表9-1 折叠式软顶边缘左侧已竖起传感器或折叠式软顶边缘右侧已竖起传感器的标准值

项目	数值
供电电压	5～16V
最大电流消耗	小于20mA
温度范围	−40～95℃

折叠式软顶边缘左侧已竖起传感器或折叠式软顶边缘右侧已竖起传感器失灵时，预计将出现以下情况：敞篷车折叠式软顶模块（CVM）中生成故障代码存储记录；无法进行电动式折叠式软顶操控。

9.3 折叠式软顶盖罩右侧联锁传感器和折叠式软顶盖罩左侧联锁传感器

9.3.1 传感器功能与原理

折叠式软顶盖罩右侧联锁传感器和折叠式软顶盖罩左侧联锁传感器为霍尔传感器。传感器安装在折叠式软顶保存箱的左右两侧。敞篷车软顶模块（CVM）根据电压信号识别折叠式软顶盖罩是否已联锁。

折叠式软顶盖罩右侧联锁传感器和折叠式软顶盖罩左侧联锁传感器以无接触方式（霍尔传感器和磁铁）工作。

折叠式软顶盖罩在关闭过程结束时联锁在折叠式软顶保存箱中。此时，敞篷车软顶模块（CVM）一直控制折叠式软顶盖罩的液压缸，直到两个传感器通知折叠式软顶盖罩已联锁。

关闭折叠式软顶盖罩时，2个卡钩将联锁机械构件钩在固定吊环中。固定吊环与折叠式软顶盖罩固定连接。联锁折叠式软顶盖罩时，通过相应的一根拉线向下拉动2个卡钩。如果达到联锁位置，则两个传感器分别输出一个位置识别的传感器信号。然后敞篷车软顶模块不再控制折叠式软顶驱动装置。传感器安装位置见图9-6。

9.3.2 传感器电路连接

传感器（折叠式软顶盖罩左侧联锁传感器及折叠式软顶盖罩右侧联锁传感器）通过一个2芯插头连接与敞篷车软顶模块（CVM）相连。敞篷车软顶模块为传感器供电（5V）并分析传感器信号。传感器连接电路见图9-7。

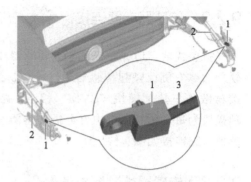

图9-6 联锁传感器

1—折叠式软顶盖罩左侧联锁传感器及折叠式软顶盖罩右侧联锁传感器；2—折叠式软顶盖罩液压缸；3—2芯插头连接

9.3.3 传感器检测标准值

折叠式软顶盖罩左侧联锁传感器及折叠式软顶盖罩右侧联锁传感器具有的标准值见表9-2。

表9-2 折叠式软顶盖罩左侧联锁传感器及折叠式软顶盖罩右侧联锁传感器的标准值

项目	数值
供电电压	（5±0.25）V
最大电流消耗	小于20mA
温度范围	−40～80℃

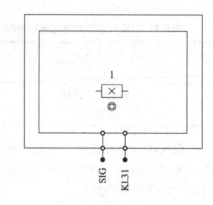

图9-7 传感器电路

1—折叠式软顶盖罩左侧联锁传感器及折叠式软顶盖罩右侧联锁传感器

线脚布置：Kl.31——总线端Kl.31，接地（通过敞篷车软顶模块）；SIG——传感器信号。

折叠式软顶盖罩左侧联锁传感器及折叠式软顶盖罩右侧联锁传感器失灵时，预计会出现下列情况：敞篷车折叠式软顶模块（CVM）中生成故障代码存储记录；无法进行电动式折叠式软顶操控。

9.4 折叠式软顶盖罩开启传感器

9.4.1 传感器功能与原理

右侧折叠式软顶盖罩已联锁传感器或左侧折叠式软顶盖罩已联锁传感器设计为霍尔传感器。该传感器安装在折叠式软顶保存箱中的右侧折叠式软顶盖罩液压缸上，见图9-8。

敞篷车软顶模块（CVM）根据电压信号识别折叠式软顶盖罩是否已完全打开。

折叠式软顶盖罩传感器采用非接触式工作原理（霍尔传感器和磁铁）进行工具。

敞篷车软顶模块（CVM）通过折叠式软顶驱动装置控制折叠式软顶盖罩的两个液压缸。传感器通知敞篷车软顶模块折叠式软顶盖罩已完全打开。

9.4.2 传感器电路连接

折叠式软顶盖罩开启传感器通过一个2芯插头连接与敞篷车软顶模块（CVM）相连，见图9-9。敞篷车软顶模块为传感器供电并分析传感器信号。

9.4.3 传感器检测标准值

折叠式软顶盖罩开启传感器具有的标准值见表9-3。

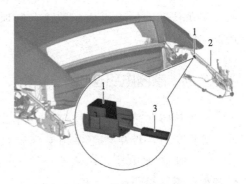

图9-8 传感器安装位置

1—折叠式软顶盖罩开启传感器；2—右侧折叠式软顶盖罩液压缸；3—2芯插头连接

表9-3 折叠式软顶盖罩开启传感器的标准值

项目	数值
供电电压	（5±0.25）V
最大电流消耗	小于20mA
温度范围	−40～80℃

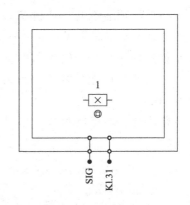

图9-9 开启传感器电路

1—折叠式软顶盖罩开启传感器

线脚布置：Kl.31——总线端Kl.31，接地（通过敞篷车软顶模块）；SIG——传感器信号。

折叠式软顶盖罩开启传感器失灵时，预计会出现以下情况：敞篷车折叠式软顶模块（CVM）中生成故障代码存储记录；无法进行电动式折叠式软顶操控。

9.5 折叠式软顶边缘转角传感器

9.5.1 传感器功能与原理

折叠式软顶边缘的转角传感器作为电位计运行，并且安装在右边车辆侧面的张紧箍上，见图9-10。传感器感测与折叠式软顶移动相关的张紧箍和折叠式软顶边缘的位置。在敞篷车软顶模块（CVM）中分析传感器信号。

转角传感器以无接触的方式（霍尔传感器和磁铁）工作。折叠式软顶移动期间，张紧箍和折叠式软顶边缘的开启角度随之变化。因此，转角传感器上的输出电压也跟着变化。转角传感器的电压值在敞篷车软顶模块中转换成角度值。

9.5.2 传感器电路连接

转角传感器通过3芯插头连接与车载网络相连，见图9-11。转角传感器由敞篷车软顶模块（CVM）提供5V电压。在敞篷车软顶模块中分析转角传感器的信号。

9.5.3 传感器检测标准值

折叠式软顶边缘的转角传感器在打开时提供一个上升电压，在关闭时提供一个下降电压。敞篷车软顶模块将介于转角传感器供电电压的10%～90%之间的电压视为有效值。角度值被划分为5段。

折叠式软顶边缘转角传感器具有的标准值见表9-4。

表9-4 折叠式软顶边缘转角传感器的标准值

项目	数值
供电电压	（5±0.25）V
供电电压的信号电压	供电电压的10%～90%
编程角度	112.1°～200.3°
最大电流消耗	小于20mA
温度范围	-40～80℃

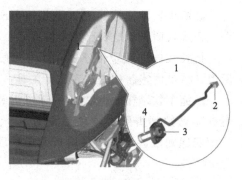

图9-10 传感器安装位置
1—折叠式软顶边缘转角传感器；2—3芯插头连接；3—折叠式软顶边缘转角转感器壳体；4—操纵杆

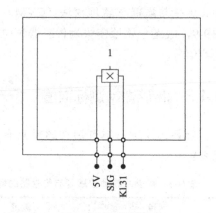

图9-11 传感器电路
1—折叠式软顶边缘转角传感器

线脚布置：5V——5V供电电压；SIG——转角传感器信号；Kl.31——接地连接（通过敞篷车软顶模块）。

折叠式软顶边缘的转角传感器失灵时，预计会出现下列情况：敞篷车折叠式软顶模块（CVM）中生成故障代码存储记录；无法进行电动式折叠式软顶操控。

9.6 主车顶柱转角传感器

9.6.1 传感器功能与原理

主车顶柱的转角传感器用作电位计，安装在左主车顶柱上，见图9-12。该传感器感测与折叠式软顶移动相关的主车顶柱位置。在敞篷车软顶模块（CVM）中分析传感器信号。

转角传感器以无接触的方式（霍尔传感器和磁铁）工作。折叠式软顶移动时，主车顶柱的开启角度自动变化。因此，转角传感器上的输出电压也跟着变化。转角传感器的电压值在敞篷车软顶模块（CVM）中转换成角度值。敞篷车软顶模块根据电压信号识别主车顶柱的位置，从而识别折叠式车顶的开启角度。

敞篷车软顶模块在主车顶柱特定的转角位置会促使折叠式软顶保存箱解锁。

9.6.2 传感器电路连接

转角传感器通过3芯插头连接与车载网络相连，见图9-13。转角传感器由敞篷车软顶模块（CVM）提供5V电压。在敞篷车软顶模块中分析转角传感器的信号。

9.6.3 传感器检测标准值

主车顶柱的转角传感器在打开时提供一个上升电压，在关闭时提供一个下降电压。敞篷车软顶模块将介于转角传感器供电电压的10%～90%之间的电压视为有效值。角度值被划分为5段。

主车顶柱转角传感器具有的标准值见表9-5。

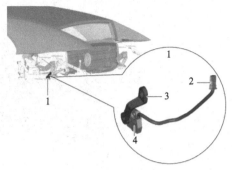

图9-12　转角传感器

1—主车顶柱转角传感器；2—3芯插头连接；3—操纵杆；4—主车顶柱转角传感器壳体

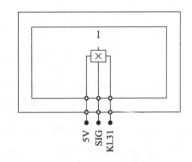

图9-13　转角传感器

1—主车顶柱转角传感器

线脚布置：5V——5V供电电压；SIG——转角传感器信号；Kl.31——总线端Kl.31，接地（通过敞篷车软顶模块）。

表9-5　主车顶柱转角传感器的标准值

项目	数值	项目	数值
供电电压	（5±0.25）V	最大电流消耗	小于20mA
供电电压的信号电压	供电电压的10%～90%	温度范围	-40～80℃
编程角度	0.7°～94.4°		

主车顶柱的转角传感器失灵时，预计会出现下列情况：敞篷车折叠式软顶模块（CVM）中生成故障代码存储记录；无法进行电动式折叠式软顶操控。

9.7　燃油箱盖传感器

9.7.1 传感器功能与原理

通过燃油箱盖传感器识别燃油箱加油盖的位置（已打开或已关闭），传感器安装位置见图9-14。

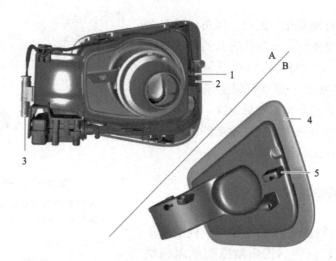

图9-14 传感器结构

A—燃油箱加油盖已关闭（后视图）；B—燃油箱加油盖（后视图）；
1—燃油箱盖传感器；
2—导轨槽（用于在燃油箱加油盖已关闭位置中的磁力架定位件）；
3—2芯插头连接；4—燃油箱盖；5—带磁铁的磁力架

混合动力-压力油箱电子控制系统（TFE）分析传感器信号。

燃油箱盖传感器为霍尔传感器，采用无接触方式（霍尔传感器和磁铁）工作。电流强度根据燃油箱盖传感器与磁力架的距离变化。借助测量电流，混合动力-压力油箱电子控制系统（TFE）识别燃油箱加油盖的位置（已打开或已关闭）。

9.7.2 传感器电路连接

燃油箱盖传感器通过一个2芯插头连接与车载网络相连，见图9-15。混合动力-压力油箱电子控制系统（TFE）给燃油箱盖传感器供给5V电压并分析传感器信号。

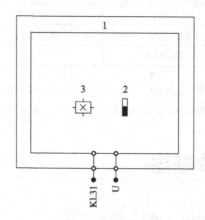

图9-15 传感器电路

1—燃油箱盖传感器；2—磁铁；3—霍尔传感器

线脚布置：Kl.31——总线端Kl.31，接地；U——供电电压。

9.7.3 传感器检测标准值

燃油箱盖传感器具有的标准值见表9-6。

表9-6 燃油箱盖传感器的标准值

参数	值
供电电压	（5±0.25）V
温度范围	−40～80℃

燃油箱盖传感器失灵时，预计将出现下列情况：混合动力-压力油箱电子控制系统（TFE）中有故障记录；增程设备数字发动机电子单元（RDME）控制单元或数字式发动机电子伺控系统（DME）控制单元中有故障记录；燃油箱加油盖未联锁。